35歳までに現金1億円を作る
入口戦略
不動産投資術

ぱる出版

SECTION-0

〈序〉

1．不動産投資の成功の鍵を握るのは「不動産投資戦略」と「物件の仕入れ」

●不動産投資はこの2つで成功確率が90％以上決まります

本章では、不動産投資で資産を拡大する上で一番大切な2つの要素をご説明します。

1つ目は、「属性に応じた不動産投資戦略」です。

まず属性の意味について説明します。属性を構成する要素は主に、年齢、家族構成、職業、年収、金融資産、保有資産などで決まります。

ここで大切なのが、年収1，000万円と年収400万円の人では「取るべき戦略が異なります。」これを理解して、不動産投資をスタートしないと、自分が買えない物件を検討して、無駄な時間を過ごしてしまうリスクがあるので、その点は注意が必要です。

参考に私の例を取ってお話しします。

私が不動産投資を始めたのが、24歳からで、1つ目の物件購入が25歳の時でした。この際に私の属性を簡単にお伝えすると、以下の通りです。

- 職業：都内区役所勤務の公務員
- 年齢：25歳（社会人3年目）
- 年収：約420万円
- 金融資産：約200万円
- 保有資産：なし
- 家族構成：未婚
- 住まい：賃貸

銀行目線から言うと、職業は公務員で評価が高いものの、まだ勤続3年目と職歴が浅く、また年収及び金融資産の点では属性が弱いため、一般的には低属性に分類されていました。銀行からの評価が高くない点を踏まえて、まずは現状利用可能な金融機関のリストアップをしました。

その結果、以下の4つの融資先が投資初期段階では利用できるとわかりました。

- 日本政策金融公庫
- 三井住友トラストローン&ファイナンス
- セゾンファンデックス
- 住宅ローン

私の場合、手元資金が200万円と限られていたため、最初からいきなり一棟物件を購入すると、2棟目以降の物件購入に時間がかかると判断し、1つ目の物件は自己保有用に住宅ローンを利用して、区分マンションを購入することに決めました。

住宅ローンのメリットが、物件価格及び購入時諸経費部分を融資してくれるオーバーローンだったため、手元資金を無くすことなく、かつその物件を共同担保として活用することで、一棟物件が買いやすくなるメリットがあったからです。(※ただ住宅ローンを利用して物件を購入するため、購入後すぐに賃貸に出すのは難しく、あくまで自己保有用の融資なので、一定期間自分で居住することが必要になります。）

その狙い通り、最初に区分マンションを購入してから、半年後には三井住友トラストローン＆ファイナンスを利用して、1棟目のアパートを購入することができました。そこから日本政策金融公庫、セゾンファンデックスの融資を利用して、アパート3棟目までの買い増しに成功しました。その後、約3年半で毎月キャッシュフロー100万円／月を獲得するステージまで行くことができました。

●物件購入時には必ず銀行の視点で購入をすること

収益不動産を継続的に買い増しできている人は、例外なく銀行の目線を意識して、毎物件購入を進めています。というのも、不動産投資で銀行との関係はとても根深く、取引先として一番大切な相手と言っても過言ではないからです。

銀行からの評価を常に意識して、常に融資を受けられる財務体質を維持することが大切です。

具体的に言及すると、

- 貸借対照表上で資産 ＞ 負債の状況を作る
- 損益計算書上で毎期利益が出ている
- キャッシュフロー計算書でキャッシュが上積みできている

この3点が特に大切です。

買い増しができている不動産投資家はこの点を必ず理解して、物件の買い増しを進めています。逆に言えば、この3点を重視せずに、物件購入をスタートすると、早々に買い増しが止まるリスクがあります。

タイトルにもある35歳までに現金1億円を作ることをゴールとすると、早々に購入がストップするわけにはいきませんから、この3点は特に意識して買い増しを進めましょう。

●出口戦略同様に大切な入口戦略について

続いては、２つ目の「物件の仕入れ」についてお伝えします。

基本的に不動産に限らず、ビジネスで商品を販売する上で、大切なのが仕入れをいかに安くして、その商品に付加価値を付けて、最終的に高値で売却をするかになります。

不動産投資ももちろん例外ではなく、市場相場よりもいかに安く物件を仕入れて、その物件を魅力的な物件に仕上げて、売却できるかが利益を残す上で大切です。

しかもここで**読者のあなたへ朗報があります。**

それは不動産において、他の商品と比べても、一物一価の傾向が強く、２つとして同じ不動産が無い点です。

例えば動産の代表である、自動車を例にします。自動車の場合、車種、年式、走行距離などで商品を区別はできるものの、基本的に同じ車種が最低でも数百台以上出回っており、その影響で価格の相場帯が決まっています。そのため、仕入れ時に価格の非対称性を突くことができず、差益を狙うのが難しい側面があります。

一方で不動産の場合、エリア、建物種別、築年数など多様な要素があり、全く同じ商品が現実には存在しません。そのために、物件毎の相場を正確に測るモノ差しが無いため、価格が売主と買主の交渉金額でまとめることができ、案件によっては相場よりもかなり割安で仕入れることが可能になります。それが価格の非対称性を生み、ビジネスとしての旨みが出るのです。

●不動産を割安で仕入れるための方法

さてそれでは不動産を通常のルートよりも割安で仕入れる方法について、ここから具体的にお伝えします。まず、投資初心者の方に多い、「不動産投資で魅力的な物件は未公開物のみ」という迷信について否定をさせていただきます。

もちろん、未公開で市場に出回っていない物件で、割安な物件はありますが、公開物件でも安く仕入れられることはあります。現に私が過去に購入して、売却益を出した物件のなかで約70％は市場に公開されていた物件でした。ここで非常に大切な考え方が、ネットで掲載の金額はあくまで売主の現状での希望売却価格という部分です。この中でも特に大切な要素が2つあります。それは、「売却理由」と「どのルートで売っているか」の2点です。

1つ目の「売却理由」ですが、こちらは相続、資産整理、資産の組み替えなどが多い理由ですが。個人的に安くなるのは「相続」と「売主が不動産業者」の2パターンです。

まず「相続」に関しては、相続人が相続税を払うため、もしくは単純に不動産を活用する道がなく、現金化をする目的で売りに出されるケースが多いため、そこまで売却価格にこだわらないケースが多いからです。相続つまり、仕入れ原価がかからない形で、引き継いだ資産を売る場合、そこまで値段にこだわらないケースも多く、私もこのルートが一番過去に値引きが効きやすいと実体験しているので、おすすめです。

2つ目は「売主が不動産業者」のパターンです。

こちらも単純で売主側が不動産に精通しているが故に、こちら側が妥当な値引き根拠を例示することで、感情論を抜きに、交渉に応じてくれるケースが多いため、売買がまとまりやすい傾向があります。

また不動産業者の場合、売却を目的に短期融資で借り入れをしているケースも多く、いかに在庫を無くすかを考えて事業展開しているため、個人の場合と比べても売却条件が明確でまとまりやすい傾向があります。

この2点を加味して、まず物件資料が届いたら、謄本で売主の属性情報をいち早くキャッチする癖を付けましょう。

ビジネスの鉄則で、相手情報の理解は一番大切な要素です。

しっかりと交渉相手の属性は事前資料で読み取れる部分を把握しながら、同時に仲介業者の担当者を経由して気になる部分は買付を出す前に抑えるようにしましょう。

●指値の際には必ず、根拠を提示する

買付を出す際に、指値する場合があると思いますが、せっかくの備考欄を必ず活用してください。逆に備考欄を空欄で売主サイドへ指値をする場合、正確な指値根拠が伝わらず、交渉がまとまらないリスクがあります。具体的な例で言えば、

- 土地の積算価格（※相続税路線価ベース）で算出すると、○○○○万円が妥当な価格となるため、指値にて買付を出しました。
- 外壁の大規模修繕費用概算△△△万円、空室部分の原状回復費用●●●万円を加味し、合算金額である□□□万円の指値をさせていただきます。
- ●●銀行の事前融資審査にて■■■■万円の融資承認が出たため、手元資金を加味し、こちらの金額にて指値をさせていただきます。

このくらい具体的な指値根拠があれば、売主サイドも交渉条件わかりやすく、検討も進めやすくなります。

私の経験上、備考欄を未記載のまま活用しないよりも、こちらの具体的な指値根拠及び物件への想いなどを書くことで、交渉がスムーズに展開できることが多かったのです。

ぜひその辺りは具体的に案件を検討する中で、数をこなすようにしてみましょう。

●不動産投資ほど最強の事業はない

不動産賃貸業を実際に経験して感じるのが不動産賃貸業は他の事業に比べて、非常に再現性が高く、正確な方法で取り組めば最強の投資法という点です。

以下の3点に私が不動産投資こそ最強と思う理由があります。

・購入物件を担保に他人資本である融資が使える

・外注による仕組み化が可能である
・専門資格などが無くても、勉強と知識次第で再現性の高い投資が可能である

1つ目の、他人資本である融資を利用できる点ですが、これは不動産賃貸業特有の強みです。

通常、金融機関が融資をする際、不動産賃貸業以外の業種の場合、事業で利用予定の設備や資材などは動産であることが多く、貸付に対して担保を取ることが難しく、無担保での融資実行が通常です。

一方で不動産賃貸業は、融資の代わりに、購入物件を担保に取ることで、銀行側が万が一の返済不履行の際に担保物件でリスク保全をすることが可能です。そのため、銀行からすればかなり低リスクで金利の利ザヤを得ることができ、非常に安全性の高い借り手となるため好都合なわけです。

2つ目の、「外注による仕組み化が可能」の点は、管理会社やガス会社、工務店など

周辺業者をチーム化することでの外注化による仕組み化についてです。

不動産賃貸業は物件購入時、物件資料請求、内見、銀行打診、現地業者ヒアリング、契約などやることが同時並行で多数ありますが、逆に購入後は物件を満室へ持って行くことができれば、基本的にやる事はなくなります。正確に言うと、チーム化して仕組み化をすることで自分が不在でも回る仕組みができるようになります。仕組み化の重要性が最近のビジネスでも騒がれていますが、不動産賃貸業ほど仕組み化が整備されている業種は無いと個人的には思うので本当にオススメです。

３つ目の、「専門知識が無くても、情報と知識があれば再現性の高い投資である」ですが、これも非常に魅力的なメリットです。

不動産賃貸業は戦略と買い方さえ間違わなければ、非常に固い事業です。ただ逆に言えば、購入前の段階で情報と知識に十分な投資をしておかずに、始めてしまうと割高に物件を購入することになり非常に高い勉強代がつくリスクがあります。その辺り、しっかりとメンターを決めて、取り組むことで属性に合った戦略で取り組みましょう。

●だからこそ成功者に相談をし、徹底的に真似ること

不動産投資では属性によって、戦略がある程度パターン化されています。

そのため、あなたに一番相性が良く、再現性が高いと思った戦略を選ぶ事が大切です。実際にあなたが取り組みたい戦略で成果を出しているコンサルタントに教えてもらい、実行することで成功できる確率が圧倒的に高まります。

私の場合、不動産投資コンサルティングで主に低属性の方向けに面談をしていた紺野健太郎さんとの出会いで大きな影響を受けました。24歳で紺野さんとの有料個別面談を受け、すぐにコンサル契約を結び、実際に物件を探し始め、25歳で区分マンションを住宅ローンで購入したのを機に、一気に28歳まで資産規模の拡大で駆け抜けることができました。あの時具体的な戦略を聞けてなければ、ここまで短期間で成果を出すことはできなかったですし、しっかりと実績ある人の教えを受けながら、毎日取り

組むべきタスクを明確化できたことが成果に結びついた結果です。

また、メンターがサラリーマン時代に会社外の時間でどんな時間を過ごしていたかを聞いて、その内容を私も実践しました。

目標の具体化はもちろん大切ですが、それ以上に日々のタスクの明確化が重要なので、本書を読んだあなたにはぜひ意識をして実践して頂きたいのです。

SECTION -0〈序〉

SECTION -1〈準備編〉

SECTION -2〈初心編〉

SECTION -4〈拡張編〉

SECTION -5〈総括〉

SECTION-1
〈準備編〉

2. 不動産投資で35歳までに1億円の現金を作る方法

●3棟に1棟は売却をして、手元資金を残したまま物件規模拡大を目指す

この章では、私自身が30歳を前に現金1億円を作り出した方法を例示しながら、どんな過程を経て、現在の状況を作ることができたかをお話しします。

まず前提として、手元資金が3、000万円以下で不動産投資をスタートする場合、物件保有中の家賃収入だけで、現金1億円を35歳までに作ることは非現実的です。なぜなら、物件購入毎に自己資金が最低でも数百万円単位で減るためです。一般的に不動産を購入する場合、物件価格の約7％は諸経費として別途費用がかかります。

5、000万円の物件を買う場合に350万円減るので、3棟購入したらすぐに1、000万円を超える自己資金が無くなる計算になります。

ここで大切な考え方が、3棟に1棟は物件を売却して、次の物件を買う手元資金を常に確保する方法です。

私は実際に投資初期段階は手元資金が200万円弱と限られていたため、仮にフルローンで融資を受けても、物件価格3,000万円程度の案件で、購入時諸経費を不動産価格の約6%の約180万円と仮定すると、ほぼ手元資金が底を尽きてしまう状況でした。そのため、**2棟買ったら1棟は売却するペースで売り買いを同時進行で進めていました。**

下図はオーソドックスな買い方の事例になりますが、購入と売却を連続的に行う際に参考になると思うので、フェーズ毎の説明文と合わせて載せます。

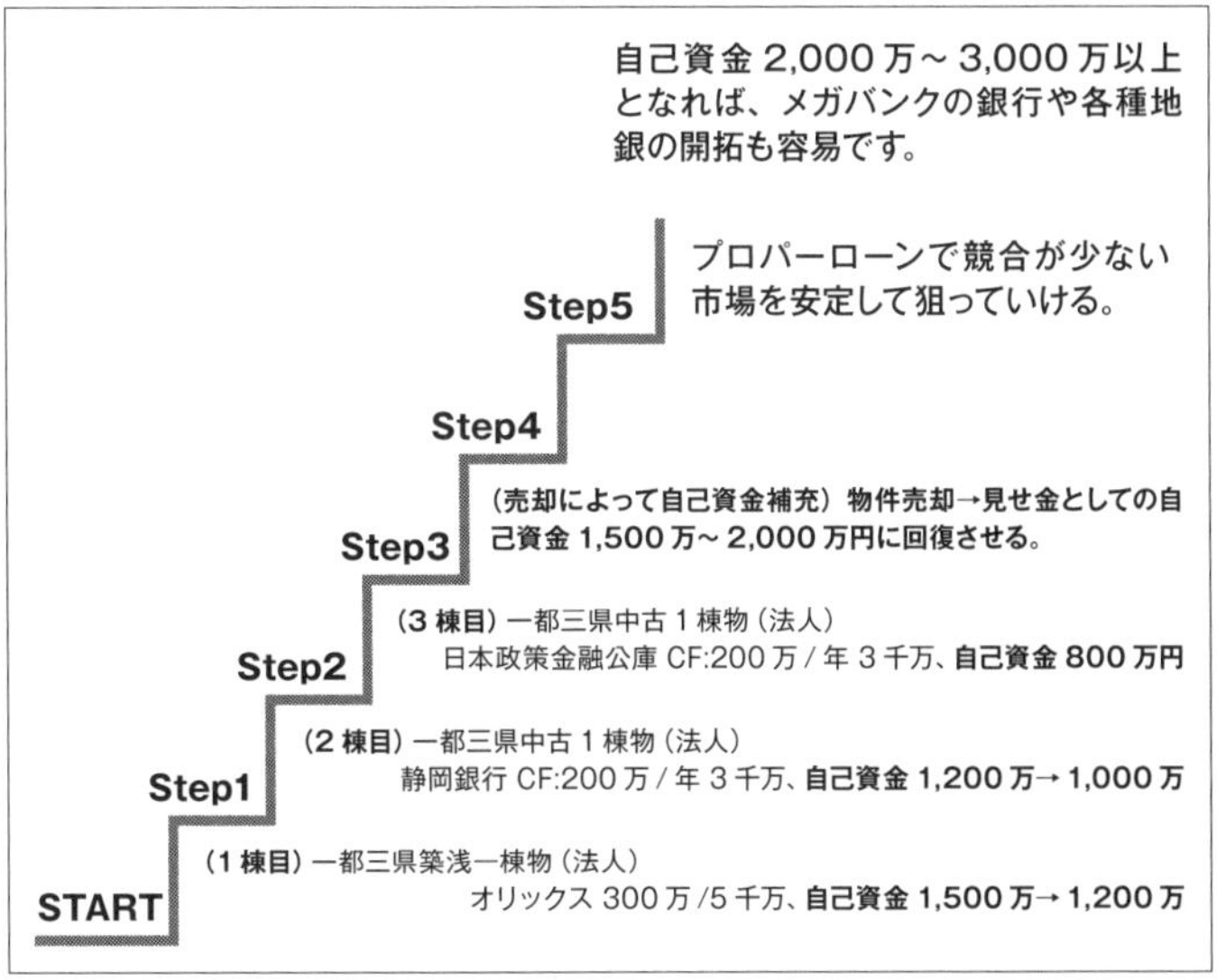
自己資金2,000万～3,000万以上となれば、メガバンクの銀行や各種地銀の開拓も容易です。
Step5
プロパーローンで競合が少ない市場を安定して狙っていける。
Step4
(売却によって自己資金補充) 物件売却→見せ金としての自己資金1,500万～2,000万円に回復させる。
Step3
(3棟目) 一都三県中古1棟物 (法人)
日本政策金融公庫 CF:200万/年 3千万、自己資金800万円
Step2
(2棟目) 一都三県中古1棟物 (法人)
静岡銀行 CF:200万/年 3千万、自己資金1,200万→1,000万
Step1
(1棟目) 一都三県築浅一棟物 (法人)
オリックス 300万/5千万、自己資金1,500万→1,200万
START

こんなイメージで購入と売却を交互に買い増しができれば、手元資金を残した

ままの買い増しが可能になります。属性に応じて、利用銀行や使う順番は異なりますが、このペースで買い増しができる点を忘れずに実行することが大切です。

また物件規模を拡大しながら、同時に手元資金を増やすことができれば、事業性融資で利用できる銀行の選択肢も増えてくるため、将来的な物件規模拡大に幅を持たすことができる点も強いメリットです。

具体的なメリットを3つ言うと、

- 購入と売却を連続的に行うことで、手元資金を枯渇させずに買い増しができる
- 不動産賃貸業の実績を積んでいくことができる
- 事業を評価してもらい、将来的なプロパーローンが狙える

この買い増し方法を実際にすることで、この3つのメリットを受けることができます。

1つ目の「購入&売却で手許資金を残しながら、買い増しができる」は、不動産賃

貸業で効率的な買い増しを進める上では非常に大切な考え方です。不動産賃貸業は、いかに小資本でレバレッジを効かせて、規模を拡大するかが大切です。その上では虎の子の自己資金をいかに使わずに、融資で物件を購入して、物件を買い増しするかを常に念頭に置く必要があります。

2つ目の「不動産事業の実績が積める」は、単純に物件を購入して家賃収入を重ねていくだけでなく、**物件の売却による利益確定で物件の仕入れ業務をいかに割安で行えているかのアピールにも繋がります。**

不動産賃貸業は物件の購入から売却までの出口を描くことで、投資実績がわかります。その点で空室がある物件を購入後、満室化し、仕入れ価格＋αで売却できたことは大家としての実績になります。ぜひ、銀行融資時にはアピール材料として使いましょう。ただし一点注意があります。それはあまりに同年内に反復継続して不動産の取引を行うと、宅建業の免許がない場合、宅建業法上違法とされるケースもあるため、この辺りは取引が重なるタイミングで管轄行政庁に事前相談をされることをおすすめします。

３つ目の、「事業性評価からプロパーローンが狙える方法」ですが、これは個人の与信枠を超える融資獲得を狙う場合には必須になります。

一般的に不動産賃貸業初期段階では、金融機関は属性（勤務先、年収、金融資産）をもとに個人の属性で融資枠を決めます。

おおよその目安として年収×15～20倍が個人属性を加味した場合の融資上限となります。例えば、年収８００万円の人の場合、１・２億円～１・６億円が融資上限の目安となります。そのため個人の属性枠で物件を買い進めると、必ず物件購入の頭打ちが発生します。**それを回避する方法が資産管理法人開設による、事業性融資（＝プロパーローン）の獲得になります**。事業性融資であれば、法人の決算内容を元に融資が決まるため、理論上は融資上限がなく、無限に物件の買い増しが可能です。

また一度、事業性融資を受けることができれば、個人属性がそれほど高くないサラリーマンでも、法人で5億円以上の借入ができる規模感に到達することが可能です。

そのため、不動産投資で毎月手残りキャッシュフロー１００万円を超える規模感へ到達したい方は、早い段階から資産管理法人を設立し、法人での事業実績を作っていくことがおすすめです。

●区分マンションには手を出さないこと

バランスシート（＝貸借対照表）の評価の観点で言えば、区分マンションは手を出すべきではありません。

理由は積算価格算出時に土地部分がないため、建物部分のみの評価になるため、売価に対して積算価格が割れるケースが多いからです。

分かりやすく言えば都内23区の好立地にて、築10年弱、単身向け、20平米の区分マンションを2，000万円で購入した場合、積算価格の観点で言えば、物件にもよりますが1，000万円～1，200万円程度しか出ないケースが多いです。そのため物件を購入した瞬間に、バランスシート上で1，000万円近い信用毀損を起こしてしまい、次物件の融資が引きにくくなります。

実は私も不動産投資を始めた1つ目の物件は中古区分マンションでした。ただその物件はその後三井住友トラストL＆Fを利用して物件購入する際の、共同担保物件としての意味合いがありました。将来の利用目的が明確で区分マンションを買うのはいいですが、そうではなく融資が付くから買えるとの理由で手を出すのはやめましょう。
間違いなく物件の規模拡大のフェーズで足かせになるリスクがあります。

●買うなら1棟もしくは戸建

現金1億円を目標に不動産投資を始める方、ぜひこの考え方も覚えておいてください。それは、1棟もしくは戸建を戦略的に購入して資産規模を拡大する事です。

ここで1棟に加え、戸建を推奨する3つの理由を書きます。

① 共同担保物件として利用が可能である
② 土地も付くため、積算価値がある
③ 担保提供期間中も同時に家賃を稼いでくれる

1つ目の共同担保物件として使える点です。
不動産を拡大する時期に大切なのがいかに自己資金を温存しながら、買い増しをするかの視点です。金融機関は自己資金が無い借り手には一般的に厳しい融資条件となり、逆に自己資金が潤沢な借り手には好条件の融資を出します。そのため如何に自己資金を残しておくかが大切です。その観点で言えば、土地付きの戸建は物件購入時の共同担保として使う事ができ、また同時に担保提供中も家賃収入をあげる事ができる点で非常に使い勝手が良いです。

通常、自己資金を手出しして物件を購入する場面で、保有戸建を共同担保提供し、自己資金を出す事なく、物件購入する事ができれば、手元資金を温存でき、その後の融資が受けやすくなるため、連続した物件購入にプラスに働きます。

2つ目の「土地も付くため積算価値がある」について、戸建は土地及び建物を合算して積算評価が出されるため、土地の積算価格の高い案件をうまく仕込む事ができれば、売価∧積算価格の物件を購入することも可能です。そうすれば銀行は購入した物件価格を最高値としてその物件を担保評価することできるため、仮に500万円で戸建を購入した場合、その500万円をまるまる共同担保物件として取り扱う事ができ、融資の組み立てがしやすくなります。

3つ目の、「担保提供期間中に家賃を同時に稼いでくれる」も戸建を共同担保物件として組み合わせを勧める大きな理由の1つです。

通常一棟物件購入時に、自己資金を投下してしまったら、その自己資金は毎月の家賃収入で回収するしか方法がありません。ただ、そこであえて自己資金を投下せずに、物件の共同担保提供をすることで、自己資金を減らさず、また同時に担保提供期間中に賃貸に出すことで家賃を稼ぐ事が可能です。まさに一石二鳥の投資法で、自己資金を温存させつつ、同時に家賃収入で収支をプラスにしてくれるやり方です。これを聞いたら、やらない理由を考える方が難しいですよね！　1棟と戸建を組み合わせて購入を繰り返していくやり方は本当におすすめなので、ぜひ実践しましょう！

●毎月の固定費を徹底的に削り、手元資金を作る

あなたは毎月の家計の状況をどこまで把握していますか。私は1円単位まで節約して、家計を切り詰める方法はストレスも溜まりますし、あまり好きではありません。ただ、毎月一定金額が垂れ流される固定費に関しては徹底的に支出管理にこだわって

欲しいです。具体的に言えば、

- 携帯料金：10、000円／月→SIMフリー携帯にして、毎月3、000円へ
- 生命保険料：8、000円／月→購入物件の団体信用生命保険を活用することで0円へ
- ジムの会費：8、000円／月→区営のジムを都度利用にすることで、3、000円／月へ
- 飲み代：5、000円／1回あたり→学びのある飲み会以外は参加しない、0円へ
- 自動車保有：30、000円／月→移動は電車、バス、タクシーにして固定費を削除

これらは一例ですが、そのくらい毎月自動引き落として差し引かれる毎月の固定費には注意を払いましょう。この無駄な支出を無くすことで、毎月2～3万円ほど貯金額が上積みできれば、貯金額も加速度的に増えます。

実際に私も不動産投資をやることに決めてから、固定費は徹底的に切り詰めました。特に三大出費と言われる住居費、保険、車についてはかなり調べ、家賃が5万円台の物件に住み続けながら、保険未加入、ノーマイカーの状態で投資初期段階はお金を効率的に貯めました。

目先の小さい浪費よりも、毎月のまとまった固定費を削除するのは最優先にして家計に手を付けましょう。

●三大出費を抑えて毎月の貯蓄額を効率的に増やすこと

前章で少し記載しましたが、あなたは一般世帯における、三大出費が何か分かりますか？　これを把握した上で、不動産投資に取り組むと決めたら、徹底的に削減することが非常に有効です。知らないという方向けにまず三大出費に関して説明します。

- 収益を生まない不動産（例：自宅）
- 自家用自動車

・保険（例：生命保険）

この3つに該当します。

不動産投資は融資を受けるためには見せ金が非常に重要です。

見せ金を効率的に増やしていくためにはこの3つの支出を最大限抑える動きがとても大切です。私も実際に公務員時代にはこれら3つに関して、無駄な支出をしないために、全く手を付けることなく、貯金を効率的に増やしてきました。

人によっては、自宅を構えてから、腰を据えて不動産投資に励みたいという方もいるかと思いますが、自宅を銀行融資でフルローンにて購入してしまうと、その融資分だけバランスシート上は毀損を起こす可能性が高く、おすすめできません。

自宅は不動産投資で一定の規模に達した後に余剰資金で購入するとの考えでぜひ取り組んでください。

●定期預金や財形貯金を活用し、毎月自動でお金が貯まる仕組みを作る

私は公務員時代、社会人1年目から職場へ営業に来ていた労働金庫の財形貯金制度を利用して、毎月3万円、ボーナス時10万円をそれぞれ貯金していました。年間にすると、56万円の自動貯蓄になり、それとは別に毎月給与の中で2万円を貯金していたので、合算して年間80万円ほどを貯めていました。この貯金が社会人3年目に不動産投資をスタートする際のタネ銭２００万円に繋がっています。

不動産投資において、手元資金をどれだけ確保できているかが銀行との関係を考慮しても非常に大切です。意思の力をあてにせずに、無意識でお金が貯まる仕組みを常に考えて実行することが大切なので、ぜひ意識して取り組みましょう。

お金を貯めるには用途を考える前に、自動的に貯金分引かれて貯まる仕組み化が有効です。

●節約よりも大切な投資について

不動産投資を始めるために、タネ銭を貯金で貯める重要性はお伝えした通りです。ただそれ以上に大切なのが、将来に繋がる知識や情報にお金を使うことです。

私の例で言えば、前述の通り、家計を切り詰めて節約生活をしていたのと同時に、以下の項目に特にお金を惜しまずに注ぎ込みました。累計額で言えば300万円を超えます。

- 書籍代：2〜3万円／月
- セミナー代：2万円／月
- コンサル代：50万円／半年契約〜

これらの支出は金銭的に負担が大きいですが、それ以上にリターンも大きく、私の場合にはこれら費用に投資した300万円は余裕で回収することができました。

投資で大切なのは、投下金額以上のリターンを回収することです。

私の場合には、一件目の物件購入前に5人以上の不動産コンサルタントと有料面談をして、自分に一番近い属性で再現性の高いメンターを選ぶために時間とお金を要しました。

再現性の高いモデルケースさえ見つけることができれば、あとはそれを徹底的にパクって、戦略を実行するだけなので、特にその部分への投資はケチらないようにしましょう。

●無駄な飲み会には一切参加しないこと

私は公務員時代、新卒1年目での職場飲み会は基本的に全て参加してきました。

ただ2年目以降は一切飲み会には参加しないスタンスで28歳に職場を辞めるまでそ

れを貫きました。理由は、学びが少なかった事と愚痴ばかりの飲み会に嫌気が差したからです。幸いにも在籍した部署では同僚や上司に恵まれ、楽しく仕事を送ることができました。

ただ成長の観点では、良くも悪くも安定志向の人が多い職場だったので、新しいことにチャレンジする気概がある人が少なく、考え方も保守的な方が多く、そんな職場の風土が合わないなと社会人1年目の頃から思っていました。

そんな経緯で、社会人2年目からは歓送迎会、同期飲みなど職場関係の飲み会には一切参加しないとルールを決めて、実際に実行をしました。これにより無駄な時間とお金を浪費しなくて済むことができました。

この話だけ聞くと、かなり孤立した社会人生活を送ったように見受けられてしまうかもしれませんね(笑)。

ただ自分で言うのもなんですが、人当たりがよくコミニュケーションも得意な事もあり、職場の同僚や上司とは勤務時間内で人間関係を上手く構築していたので、途中からはそれほど各種飲み会に参加しなくても、上司から苦言を呈されることなく過ごすことができました。

ただ飲み会はどれも行くなと言うわけではなく、自分にとって学びの機会になる投資的価値がある飲み会や食事会にはぜひ参加した方が良いです。

特に、会社員の方は社外の人間関係は重視しましょう。

私自身、会社員時代大家の会に複数参加していましたが、そこで親しくなった方と現在進行形で関係が継続している方もおり、そこから仕事が生まれたこともあり、シナジー効果も期待できるからです。

その辺りの取捨択一を常に意識して、時間の確保をしましょう。

3. 副業規定がある会社に勤めている人が取るべき戦略について

●公務員＝副業禁止だからといって諦めないこと

私は最初の3棟目まで個人名義で物件を購入し、それ以降は資産管理法人にて物件の購入を進めてきました。一般的に公務員は各自治体にて副業を禁止されているケースが多く、私の場合も同様でした。ただ自治体にもよりますが、5棟10室以内の規模であれば、職場の所属長の認可が不要なケースが多く、私の場合にも、個人時代に購入した物件はこの規模以内で取得を進める形で、副業規定をかわしました。また法人設立時にも家族の名義を借り、私が役員に入らない形を取ることで、副業規定を回避しました。公務員以外の方でも、副業規定を理由に不動産投資に着手しない方が多く見受けられますが、それだけを理由に諦めるのは不動産投資で得られるメリットを踏まえると非常に勿体ない事です。

職場によって、副業禁止の内容は異なりますが、この辺りは内容を聞くことができれば回避方法をお伝えすることもできるので、ご興味ある方は個別にご相談ください。

●この方法を使うことで、職場にバレずに不動産投資が可能に

副業規定が以外にも、職場の上司や同僚に副業をやっていることを知られなくないって方も多いですよね。通常副業が職場に判明するケースは以下の2ケースが多いです。

- 確定申告時の副収入増加に伴う、住民税額変更によって翌年職場にて判明。
- SNSなどネット掲載情報から会社の同僚に知られ、密告される。

1つ目の住民税については、既にご存知の方も多いかと思いますが、確定申告時に住民税の納税方法を「普通徴収」にチェックし、自分で納付をするようにするだけ。

ここにチェックさえ付けておけば、基本的に職場に判明するケースがないと思って大丈夫です。

2つ目はSNSなどネット情報を介して判明するパターンです。

これに関しては、あくまで不動産投資を初めても、一定の規模に到達するまではあまり周辺の人間に口外せずに、黙々と事業に取り組むことで回避が可能です。特に1棟目の物件を買えた際などは嬉しくなって、周辺の人間に言いたくなる気持ちもわかりますが、それによってバレるリスクを冷静に考えて、まずは自分の周辺の家族などにだけ伝えて、会社関連の人にバレるリスクを回避しましょう。

●公務員こそ属性を活かして、若いうちから始めると有利

せっかく学生時代に難関試験である公務員試験に合格して、属性を手に入れたのであればその属性は活用するべきです。

私は元々、学生時代から不動産投資をすることを決めていたので、銀行融資を引きやすい職業に狙いを定めて、その結果公務員が銀行の属性評価も高く、仕事も残業が比較的少なく、業務外の時間を確保できる観点から公務員になった経緯があります。

結果として、28歳で公務員を辞めることができ、当初の目標であった30歳を前にしたセミリタイアメントができました。

公務員は民間企業と比べても、有給休暇の取得も比較的しやすく、物件の仕入れ活動に励む環境が整っており、時間の融通が利く部分でも他の職業の方と比べても優位性があるので融資を活用すべきです。

これは会社をリタイアしたい人だけでなく、生涯公務員として会社勤めをしたいと思っている方にもぜひ勧めたいです。

日本における家計の平均年収は年々減少傾向にあり、本業以外の副業での収入確保が必要と言われています。公務員であっても、年金と退職金に頼るだけの生活では定年後に余裕ある余暇生活を送れない時代になってきています。そこでせっかく銀行での属性評価が高く、融資の受けやすい公務員の職に就いていたら、その属性を活用すべきです。属性は学生時代までに自分が勉強を頑張ってきたからこそ、ゲットすることのできたチケットです。そのチケットを単なる毎月の給与収入だけに使うのは勿体ないです。ぜひ自分の武器をどんどん活用しましょう。

●1日でも早く投資を始めることで、時間を味方につけることができます

不動産投資は、短期的投資と言うより、長期的投資の意味合いが強い事業です。だからこそ、1日でも早く物件を購入して着手して、着実に資産を積み重ねるやり方がおすすめです。不動産投資の醍醐味でもあり、魅力なのが、家賃収入を得ながら、それを負債の返済に充てることができ、残債を減らしていくことができる点です。残債の返済が進めば進むほど、貸借対照表の負債が減り、純資産が増えていくため、銀行からの属性評価が上がり、融資が受けやすくなります。それにより、物件の買い増しがしやすくなり、資産規模の拡大が可能になります。

ただし、融資の場合、融資期間が絡んでくるため、50代になってようやく投資を始めようとしても、完済年齢を理由に融資期間が短くなり、収支が合わず、融資が受けることができないケースもあり、属性を活かしながら投資をするには、なるべく20～30代の頃から取り組むことをおすすめします。若い世代であればあるほど、長期融資が引きやすいのはもちろんですが、加えて将来的な年収の増加を期待し、融資条件が

伸びやすいメリットがあります。**時間を味方につけて、効率よく資産規模を増やすためにも、若い世代こそ不動産投資を1日でも早く始めましょう。**

●なぜ私が社会人1年目で公務員を辞める決断をしたのか

私は28歳で都内の区役所を辞めて、独立しました。

ただ公務員を辞める決意は、社会人1年目の23歳の頃には決めていました。理由は、以下の3つが原因でした。

① 職場の上司に自分がなりたい理想像の人がいない
② 自分で独立して自身の裁量で仕事を進めたかったから
③ 一度きりの人生、後悔をしない人生を送りたかったから

1つ目は入社して3ヶ月ほど経過してふと感じた感情でした。

大学時代は公務員になるために資格試験を猛勉強し、これで憧れの社会人生活と思っ

たのですが。実際に入社してみると、職業柄安定志向の人が多く、チャレンジ精神旺盛な私に取っては職場環境自体が合いませんでした。また部署や全社イベントで先輩社員の方と話す機会に恵まれましたが、イキイキとカッコ良く働いている先輩がおらず、このまま貴重な20代をこの職場で過ごすのが嫌だなと率直に思いました。

2つ目の独立思考については、入社前から会社員を定年まで働き続ける自信がなかったため、漠然と意識をしていました。ただ学生時代のうちは、自分の知識や技術を駆使して社会に提供できるものが何か考えた時に、明確に思い浮かべることができなかったこともあり一度会社へ入社して、自分が会社へ提供できるものを作りたいとの考えがありました。

3つ目の一度きりの人生を後悔したくないとの考え方は、2011年の社会人2年目に発生した東日本大震災がきっかけです。

地元である福島県はこの震災で、津波と原発被害を受けて、家族が東京の私の自宅へ一時的に避難をすることがありました。また津波被害で沿岸に住む、知り合いが亡くなったこともあり、「明日が常に来るとは思ってはいけない。今日やれることを全力で取り組んで、明日死んでも後悔しない人生を送ろう。」と心に決めました。

その出来事以降は、特に不動産投資への熱が上がり、社会人3年目から物件購入を加速度的にできた背景があります。


不動産投資に興味がある方は、人それぞれポジティブな理由、マイナスな理由をきっかけに始めようとする方が多いです。どちらが理由であっても全く問題無いです。

ただその理由が明確で強い思いであるほど、日々の行動力に繋がります。

まず不動産投資に着手する前に、不動産投資を通じて得たいものを明確にして、得た後の将来を描いてみましょう。


その未来を掴むための不動産投資として位置付けて、一緒にスタートを切りましょう。

SECTION-2

〈初心編〉

4. 物件資料を見て、買付を判断できるレベルになること

●まずは物件100件資料請求をする

不動産投資を進める中で重要なのが、気になる物件情報が来た際に、資料を見て、5分で買付を出せるか否かを判断できるようになる判断力です。

もちろんこの際には、まだ現地を見ていないため、最終決定は現地調査後に契約となりますが、優良物件の場合にはライバルも多く、その勝負に勝つためにはスピードが大切です。

そのスピードを上げるために、投資初心者の方が重要視すべきなのは、物件資料を見て、物件の大枠を判断する能力です。

ここでは主に、物件概要書、レントロール、謄本を中心に物件についてチェックすべき項目を列挙していきます。

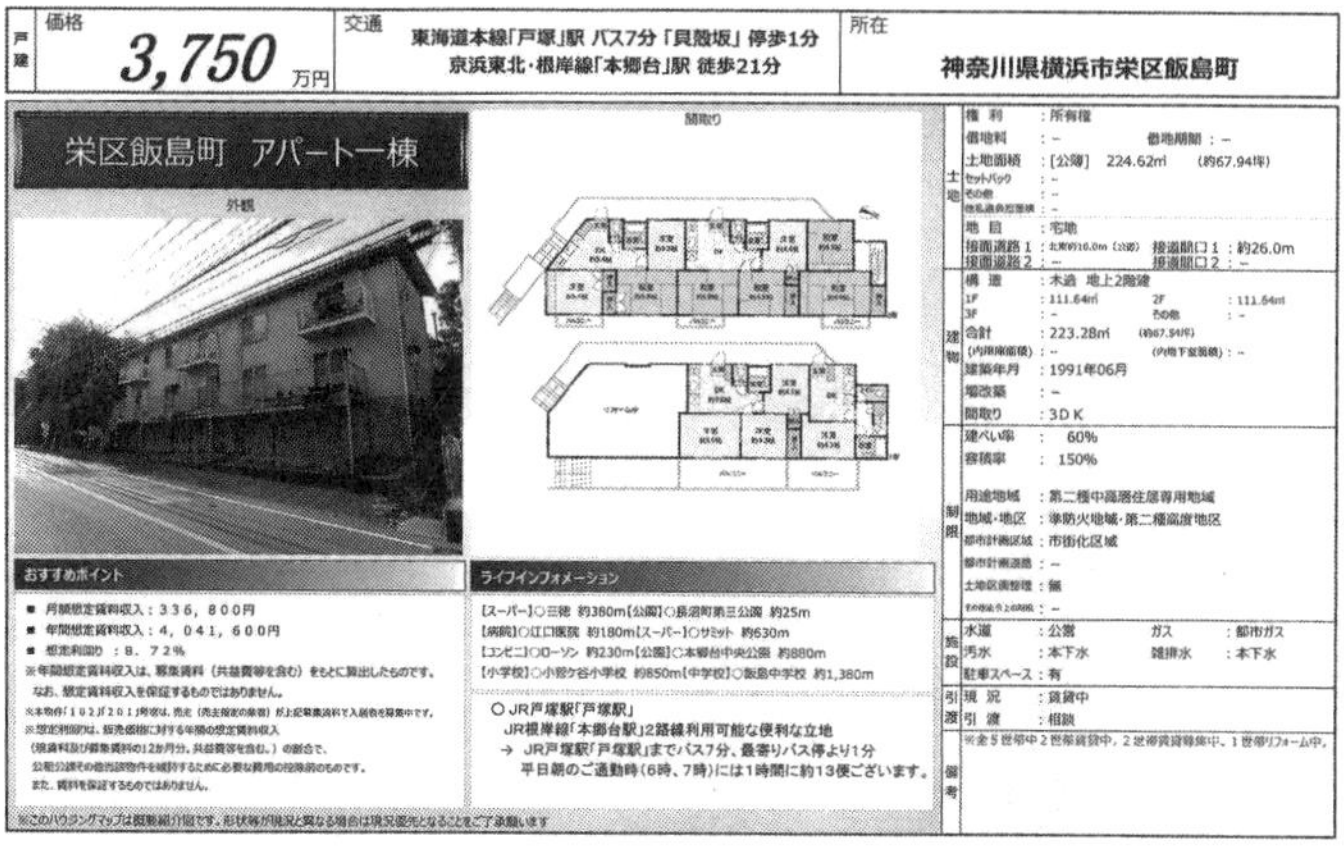

戸建 価格 3,750万円

交通 東海道本線「戸塚」駅 バス7分「貝殻坂」停歩1分
京浜東北・根岸線「本郷台」駅 徒歩21分

所在 神奈川県横浜市栄区飯島町

土地	権利	：所有権
	借地料	：－　借地期間：－
	土地面積	：[公簿] 224.62㎡ (約67.94坪)
	セットバック	：－
	その他	：－
	地目	：宅地
	接面道路1	接道間口1：約26.0m
	接面道路2	：－　接道間口2：－
建物	構造	：木造 地上2階建
	1F	：111.64㎡　2F：111.64㎡
	3F	：－　その他：－
	合計	：223.28㎡
	建築年月	：1991年06月
	増改築	：－
	間取り	：3DK
制限	建ぺい率	：60%
	容積率	：150%
	用途地域	：第二種中高層住居専用地域
	地域・地区	：準防火地域・第二種高度地区
	都市計画区域	：市街化区域
	都市計画道路	：－
	土地区画整理	：無
施設	水道	：公営　ガス：都市ガス
	汚水	：本下水　雑排水：本下水
	駐車スペース	：有
引渡	現況	：賃貸中
	引渡	：相談
備考		※全5世帯中2世帯賃貸中，2世帯賃貸募集中、1世帯リフォーム中。

おすすめポイント

■ 月額想定賃料収入：336，800円
■ 年間想定賃料収入：4，041，600円
■ 想定利回り　：8．72%
※年間想定賃料収入は、募集賃料（共益費等を含む）をもとに算出したものです。
なお、想定賃料収入を保証するものではありません。

ライフインフォメーション

【スーパー】○三徳 約380m【公園】○長沼町第三公園 約25m
【病院】○江口医院 約180m【スーパー】○サミット 約630m
【コンビニ】○ローソン 約230m【公園】○本郷台中央公園 約880m
【小学校】○小菅ケ谷小学校 約850m【中学校】○飯島中学校 約1,380m

○ JR戸塚駅「戸塚駅」
JR根岸線「本郷台駅」2路線利用可能な便利な立地
→ JR戸塚駅「戸塚駅」までバス7分、最寄りバス停より1分
平日朝のご通勤時（6時、7時）には1時間に約13便ございます。

▲物件概要書

言わずと知れた物件概要書の説明になります。収益不動産の購入を検討する際に、必要な資料が突き詰められた一番大切な資料になります。上級者になると、この概要書の情報だけで、買付を出すか判断できるようになります。

大切な項目が多いですが、特に意識して見て欲しいのが以下の三点です。

- 所在地及び土地面積
- ↓「全国地価マップ」で土地の積算価格を把握しましょう。
- 接道状況
- ↓前面道路が幅員4メートル以上確保

されており、接道幅2メートル以上確保でき、再建築が問題ないか。

- 都市計画区域内か

↓市街化調整区域、都市計画区域外の物件は基本的に融資対象外のエリアに該当するため、将来的な売却を踏まえると購入をお勧めしません。

続いて謄本です。

もちろんこれら以外にも大切な部分はあるのですが、特に私が考える重要な箇所をまとめましたので、ご参照くださいね。

●そのうち、上位5件を現地見学して、スコアリングすること

100件の物件資料を請求したら、以下の項目を中心に100点満点でスコアリングしましょう。そのうち、上位5件の物件をまず実際に見に行きましょう。

その際のスコアリングの参考としては、

- 収益性（＝利回り）
- 積算性（＝売価の70％以上出ているか）
- 賃貸需要（＝想定賃料で貸し出しができるエリアか）

この3つが特に大切です。

1つ目の収益性は、不動産投資の指標で最もわかりやすい利回りになります。

利回りは、エリアによって、相場が異なるため、初めの頃は楽待や健美家など有名ポータルサイトにて、定点的に物件を確認して、エリアに応じた利回りの相場感を把握することがおすすめです。

また想定銀行に応じて、その金利と期間から最低でもこの利回りは必要との目線が

あるといいかと存じます。私が購入していた頃の各銀行の利回り目線を参考にお伝えすると、

- 三井住友トラストL&F：表面利回り13％以上
- セゾンファンデックス：表面利回り13％以上
- 日本政策金融公庫：表面利回り15％以上

（※日本政策金融公庫は当時融資期間最大20年が可能だったため、現在の10年に引き直すと、利回り20％以上は欲しい印象です。）

収益性は毎月のキャッシュフローに直結し、対銀行向けにも損益計算書の評価で影響が出る部分なのでぜひチェックする癖づけをしましょう。

2つ目の積算性は、物件の土地と建物評価を客観的な評価指標で算出する方法です。

特に土地については、一物四価と言われる通り、算出における各指標があるのですが、個人的には相続税路線価をベースとして、土地金額を算出していました。

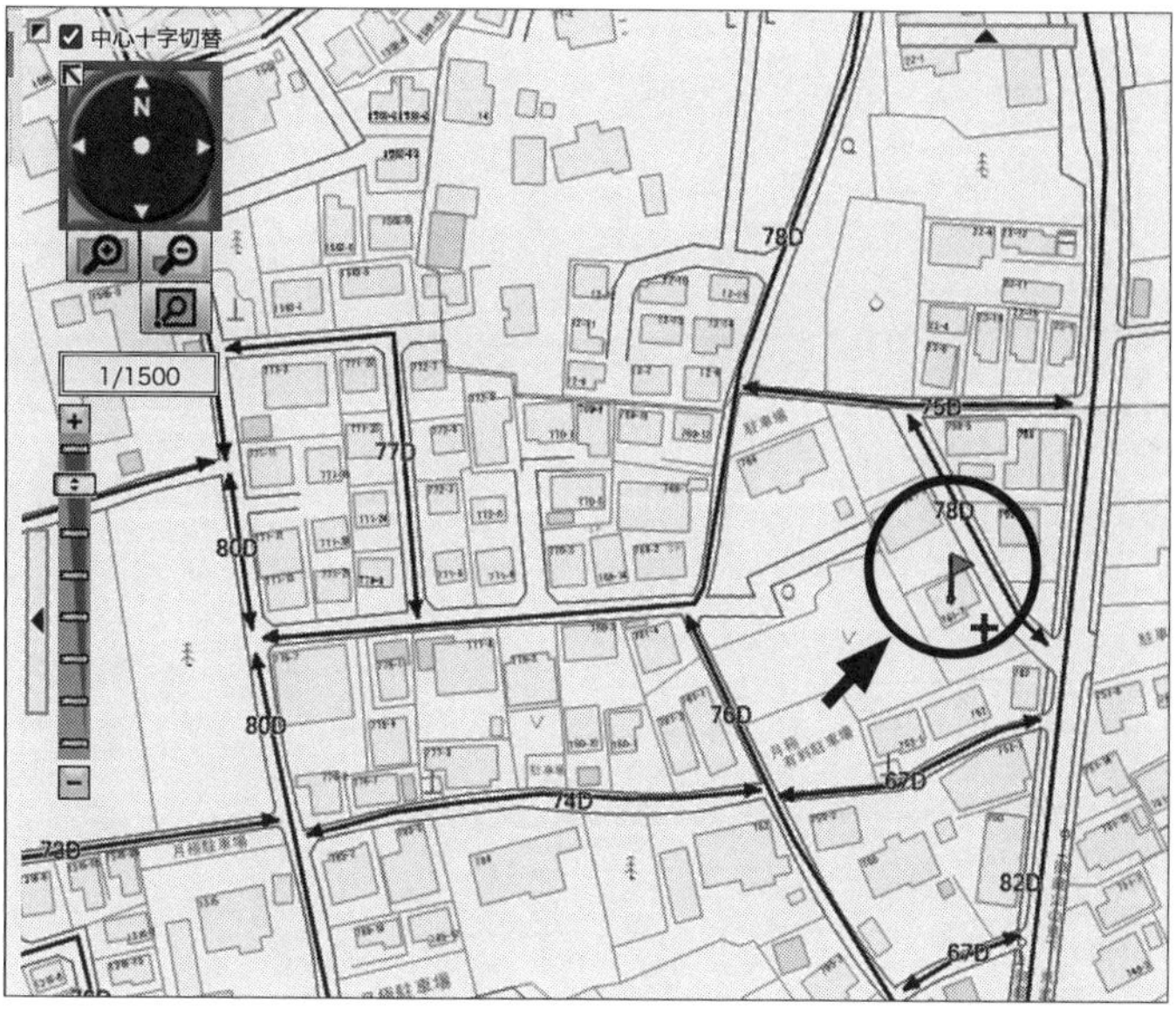

▲全国地価マップ

相続税路線価については、「全国地価マップ」というサイトにてチェックができるので以下参考にサイト画像にて説明をします。

旗が立っている場所が購入物件の場合、その前面道路の路線価格が今回の土地の路線価になります。今回の場合、前面道路に78Dの記載がありますが、その金額に×１００倍すると路線価格になり、今回の場合７８、０００円が相続税路線価格になります。

その路線価に対して、土地面積を掛けることで土地価格算出ができます。物件検討時に毎度この作業をすることで、エリアに応じた路線価目線もわかってくるので、ぜひ継続して試算する癖づけをしましょう。

3つ目の賃貸需要については、検討物件の「周辺地場不動産業者へのヒアリング」と「ネットでの調査」が主な確認事項になります。

現地確認前に、SUUMOやat homeなどの大手ポータルサイトから想定賃料を想定し、その仮説を現地不動産業者へヒアリングすることで裏付けを取るやり方がおすすめです。

慣れてくれば、現地へ飛ばずに各サイトの調査で想定賃料の想定もできるようになります。ただ初期段階ではあまりネット情報に頼らずに、現地の生の情報を浴びるようにしましょう。

ここは銀行も特に注視してくる3つのポイントなので、あらかじめ検討の際には自分でも意識して、資料を確認する癖づけをしましょう。

加えて、現地見学時にはぜひ近隣の不動産業者2~3社へヒアリングをセットで行う癖づけをしましょう。特に不動産投資初期段階では、エリアの特性や入居者ターゲットなど分からないことも多く、その辺り実体験を通じて学ぶ姿勢が大切です。インターネットが普及し、ネット情報から読み取れる情報も増えましたが、**不動産に関しては近隣の地場業者の情報の一番鮮度が高く、ネットでも収集できない秘匿性の高い情報があるのでおすすめです。**

●最終的に三棟に買付を入れて、実際に融資打診を行うこと

物件の購入条件がいくら揃っても、その物件が実際に融資を受けられない案件だと、ただの絵に描いた餅になります。実際にその物件が融資想定先である銀行からどんな条件（融資金額、融資期間、金利）で融資を受けられるのかが一番大切です。

そこで、実際に内見へ行った物件の中で、購入基準に当てはまる上位三件の物件に関して、事前の融資打診を進めましょう。

融資先は、現状のご属性に応じた銀行の使い順番がとても重要です。拡大ステップに従いながら、融資打診を進めましょう。

ちなみに事前打診を何度も繰り返し、結局買えない事が何度も連続すると、銀行担当者からこの借り手は相談してくるけど、実際に案件になるケースが少ないと思われて、稟議作成の優先順位を下げられてしまう事があります。なので、最初に物件打診をして、事前の銀行融資目線が分かったら、あとは実際に取り組み予定の案件をそれ以降は相談し、担当者の心象を悪くしないようにしましょう。

●銀行の事前審査から融資枠を把握し、実際に物件を購入しよう

現状の属性を踏まえて、可能性のある銀行にて実際に事前審査を打診すると、物件評価と同時に属性評価でどれだけの融資枠があるかが判明します。その枠を知った上で、その後実際に物件の検討を重ねることができれば、かなり確度の高い物件検索が可能になり、おすすめです。逆に銀行の融資枠を把握せずに、闇雲に物件探しをする方が時間を損失するリスクがあると言えます。

不動産投資で大切なのは「融資枠のある銀行にて、最適な物件の購入を連続して行

うこと」です。それを実行するためには、まずダミー物件でも構わないので、融資打診をどんどんこなして、銀行の反応を常に確認することです。銀行の融資枠を正確に把握して、物件探しをすれば、無駄な工数をかけずに効率的に物件探しをすることが可能になります。

●購入時注意すべきポイント

投資初心者の方は特に、自己資金が潤沢でないケースが多いです。その場合、大切なルールがキャッシュアウトしないことです。

キャッシュアウトとは、損益計算書上では黒字であっても、手元のキャッシュフローベースで見ると、マイナスで、最終的に手元資金が枯渇し、支払いが滞ってしまう状態を指します。

不動産賃貸業でキャッシュアウトが起きるとすれば、大きく以下の2つのケースが考えられます。

・大規模修繕に伴う費用負担ができない場合
・空室が複数発生し、リフォーム及び広告費用などの支払いが難しい場合

1つ目の大規模修繕に伴う修繕費用については、購入時における「過去の修繕履歴」の確認が重要です。**修繕の必要性の有無については、築年数よりも過去の修繕履歴及び物件の管理状況の方が意外に大切です。**築年数が古くても、売主が過去に細かくメンテナンスをしている物件だと、傷みがそれほどなく、購入後に簡易なリフォームのみで貸し出しができます。

大規模修繕に注意が必要とお伝えしているのは、リフォーム名目での融資が投資初期段階では難しい点も関係しています。基本的に金融機関は物件購入の費用に関しては、購入物件を担保に入れる形で融資が可能なため、リスクを保全して融資ができるので積極的な反面、リフォームローンについては、担保にとれる資産がないために、購入資金と別途で融資を行うことを渋る傾向があります。そのため物件購入はできたものの、購入後に修繕を行う費用を資金繰りできず、キャッシュアウトを起こしてし

まうことがあるため、投資初期段階の手元資金が乏しい時期に、大規模修繕が必要な物件は無理に手を出さないようにしましょう。

2つ目は、空室の発生による費用で、キャッシュアウトを起こすリスクについてです。

物件購入時には満室経営だったものの、購入後に退去が相次ぎ、一気に稼働状況が下がるケースがあります。その場合、空室の原状回復費用及びリフォーム費用、広告宣伝費用などが一気に発生するため、一部屋あたり少なくても20~30万円ほどかかります。家族向けの部屋だと50万円ほど費用が発生することがあります。これが数部屋あるだけで、数百万円規模の支出になるので、大きく手元資金を減らすことに繋がります。それを回避するには、購入時に入居中の賃貸借契約書と入居者属性を確認し、短期間での退去可能性がないかを探ることが大切です。

また家賃滞納がないかも必ず確認しましょう。家賃滞納は失業や将来的な転居を理由に行うケースも多く、退去に直結する動きなので注意しましょう。

5. 不動産投資ポータルサイト「楽待」から物件購入を検討してみる

●あなたは楽待を使いこなせてますか？

不動産投資家の中で一番著名なサイトといえば、楽待ですよね。私も忘れはしない、1棟目に購入した、さいたま市見沼区のアパートがこの楽待を経由して、資料請求をし、物件購入に至った経緯があります。その物件以外にも2件ほど、この楽待を経由して、物件は購入しているので、購入価値のある物件が意外にあります。そんな楽待ですが、投資家の方から相談を受けると、意外に使いこなせていない方が多い印象があるので、普段私がどんな使い方をして、楽待を使い倒しているかを本章で書かせていただきます。

●検索時にチェックすべきポイントとは

まず2021年7月時点での楽待の検索条件を上から順番にまとめます。

●所在地：
→物件エリアはご自身が購入戦略の中で利用を想定している銀行の融資エリアと紐付けてチェックしてください。最初から融資想定先がないエリアの物件をチェックしても、絵に描いた餅になってしまい、時間が勿体ないです。

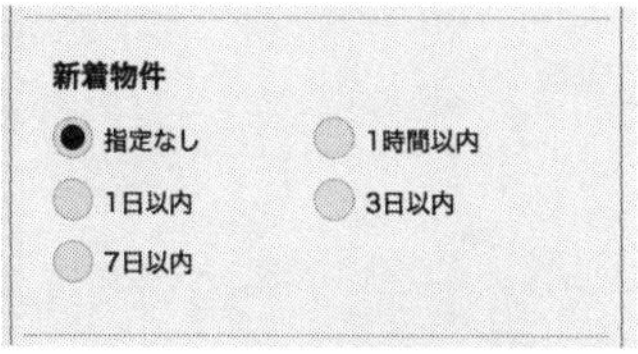

●新着物件：
→毎日決まった時間に物件チェックをするようになれば、「1日以内」にチェックをすることで、新着物件の抜け漏れを防ぐことができます。

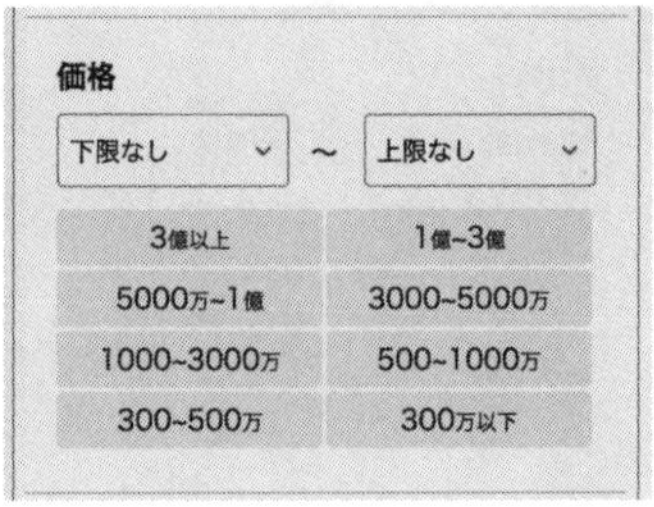

・価格：
↓物件価格は予め想定銀行での融資枠を把握し、その枠＋1，000万円以内にしましょう。

予算よりプラスαで見るのは、不動産取引においては指値可能性があるためです。

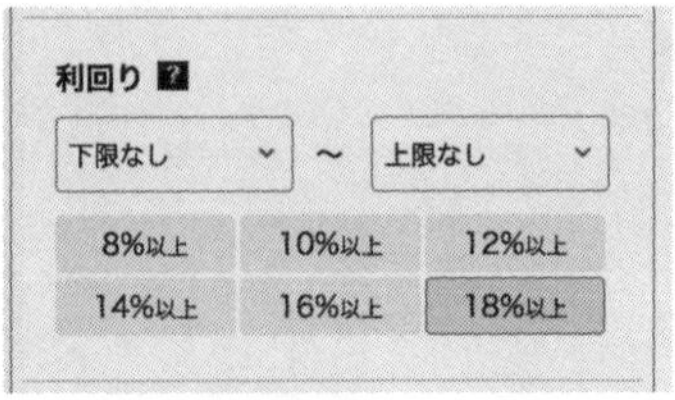

・利回り：
↓エリアと銀行融資基準をもとにチェックをしましょう。オススメは価格同様に少し余裕を持ち、2％程度低く見ること。私の当時の利回り基準を参考に載せます。
一都三県：利回り10％以上
↓セゾンファンデックスｏｒ三井住友トラストL＆F想定
北関東：利回り13％以上↓日本政策金融公庫想定

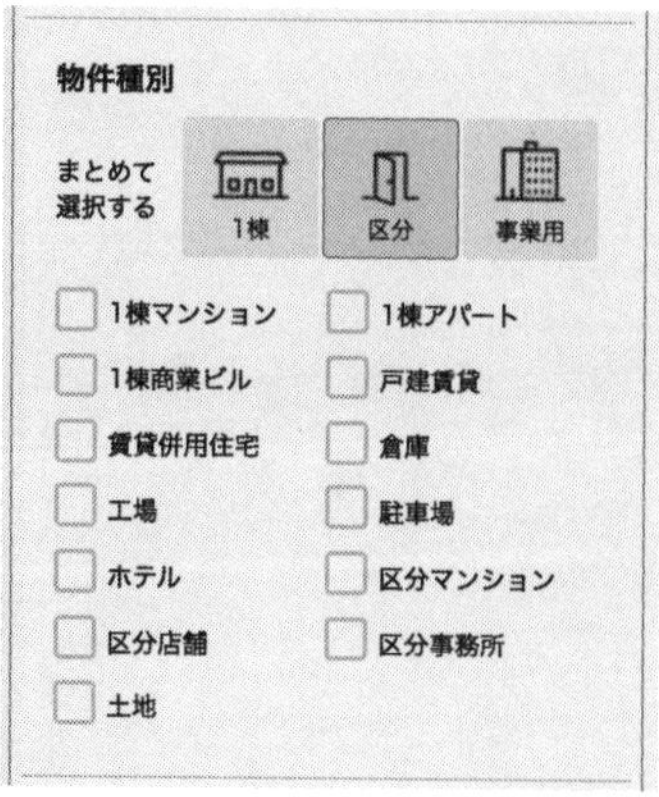

・物件種別：

↓一棟マンションor一棟アパートが該当します。種別でフィルタリングすることで、無駄な物件をチェックしなくて済むように、時短をしましょう。

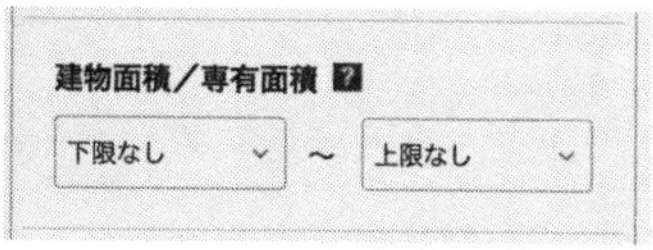

・建物面積／専有面積：

↓個人的にはそれほどこだわらなくて良い部分かと思います。

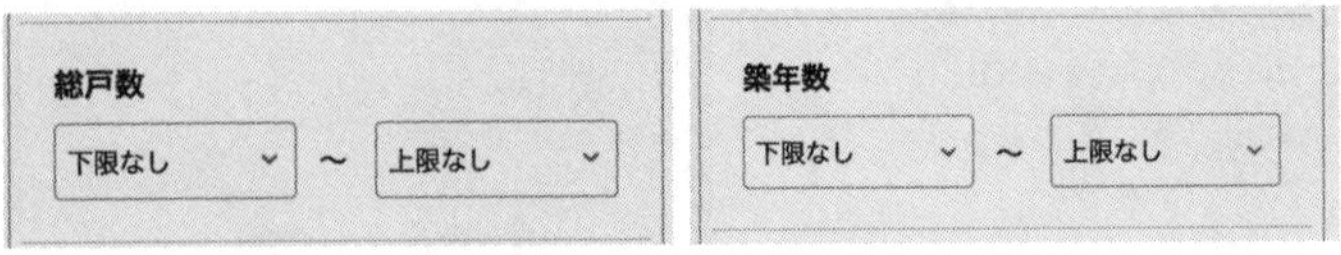

●築年数：

↓融資想定先の融資期間を加味して、設定する。以下私が設定していた築年数の銀行ごとの実例です。

三井住友トラストL&F：築45年未満

セゾンファンデックス：築40年未満

日本政策金融公庫：築35年未満

●総戸数：

↓規模が小さすぎると、空室時の収支が苦しくなるため、単身向け物件で6戸以上、ファミリー向け物件で4戸以上に設定をしましょう。

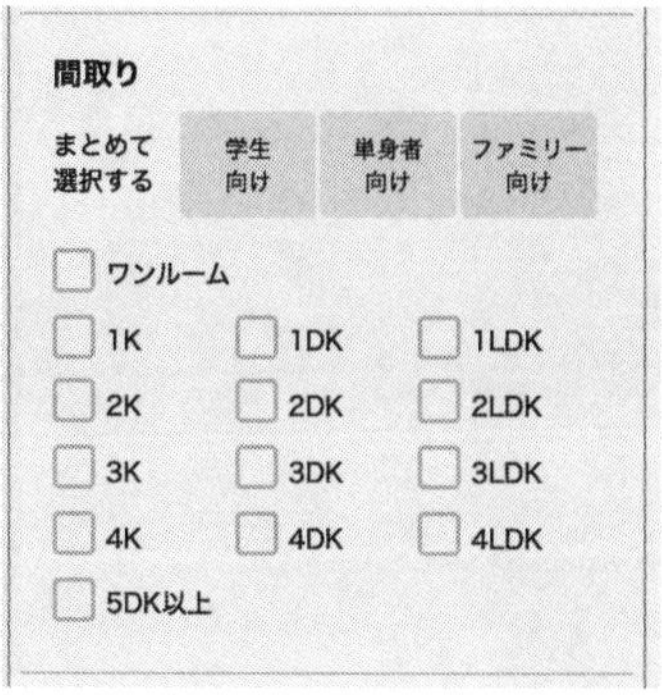

・間取り：
→私の場合、基本ここはノーチェックで、進めてました。

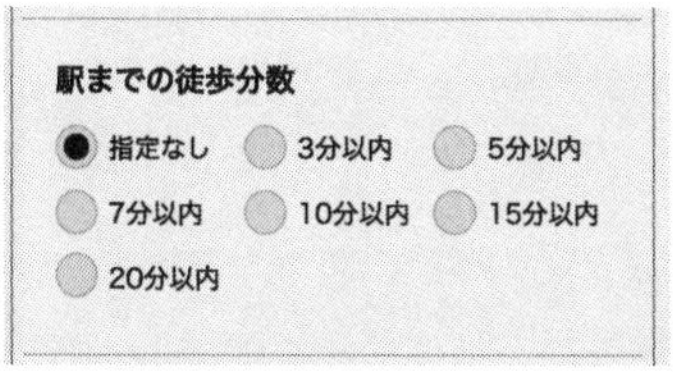

・駅までの徒歩分数：
→一都三県の場合、最寄り駅徒歩15分以内が個人的には望ましい。
最近は銀行によっては、物件の最寄り駅からの所要時間を融資条件に設定する動きもあるため、注意が必要です。一方で、地方物件の場合は基本的に車社会のため、最寄り駅からの距離はそれほど気にしなくて大丈夫です。どちらかといえば敷地内外に駐車場が確保できているかが大切です。

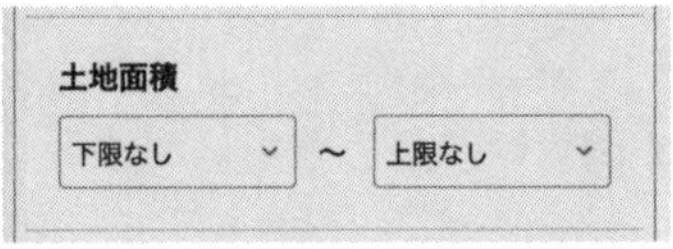

・土地面積：
↓ここは経験則になりますが、土地積算評価の観点で算出すると。
一都三県：１００㎡以上
その他エリア：２５０㎡以上がおすすめです。
地方物件は敷地内に駐車場がある（※駐車場は1台約12・５㎡）ケースも多く、この土地面積で条件設定すれば、駐車場が世帯分確保できることが多いです。

以上
ざっくりとではありますが、現行のサイト検索条件を元に条件設定する際のサンプルとして使ってみてくださいね！

●希望条件を入力し、案件を自動的に紹介してもらえるようにする

楽待には物件検索とは別に非常に便利な機能があります。

それはサイトへ登録の上、希望条件を予め入力しておくことで条件に合った新着物件がメールで送られてくる機能です。

この登録さえしていれば、物件情報が毎日自動的に入ってくるので自動化の観点でも非常におすすめです。

●成果を出すには定点観測がおすすめ

不動産投資で大切なのはエリアに応じた相場感を早い段階で知ることです。

相場感とは、積算価格だけでなく、エリアによって割安な価格のことです。

この相場感を養うのに最も適した方法が毎日２～３箇所決まったエリアを定点的にチェックすることです。

おすすめの物件エリアの選定方法が

- 実際に住んだことのあるエリア
- 仕事で通ったことがあるエリア
- 親戚や友人が住んでおり、何度も足を運んだことのあるエリア

この3つの条件でエリアを決めるのが個人的にはおすすめです。

最低限土地勘のあるエリアで、その土地の生活主要エリアなど把握していると検討物件が便利な立地かどうかもわかり、物件検討時に賃貸需要があるかも把握しやすいのです。

まずは毎日10分で良いので、定点2～3箇所を決めて物件の価格相場を把握する癖付をしましょう。

6、投資初心者はどのエリアから物件を買い始めるべきか

●3棟目までは収益性、それ以後は収益性×資産性で購入を進めること

これは非常に大切なテーマです。

と言うのも、例えば投資初心者が、1棟目から都内の好立地に利回りの低い物件を買ってしまった場合、その物件でキャッシュフローが残らないため、2棟目以降の展開に時間がかかり、目標である35歳までに現金1億円作る計画が遠のいてしまうためです。

それを回避するためには、まず大前提として収益性のある物件を少なくても3棟目までは購入して、手残りキャッシュフローを積み上げて、手元資金を増やす方法です。

わかりやすく言えば、都内23区の物件などは立地が良いため、資産性は高いものの、中古物件でも表面利回り8％以下などが主で、ローン返済や固定資産税の支払いを踏まえると、手残りが少なく、キャッシュが増えにくい側面があります。

その一方で、主に地方物件などは土地の価値が低い（＝資産性が弱い）分、利回りが高い（＝収益性が高い）傾向があります。

私の投資法も後者を優先して、まずは手残りキャッシュフロー重視で投資を進め、資産性のある物件は将来的に購入するべく筋道を立てて、取り組んできました。

ただ注意が必要なのは、収益性のある物件の中にはエリアを踏まえると賃貸需要が全くない物件も一定数混ざっていることです。賃貸需要がないエリアに物件を購入すると、購入後の賃貸付ができないリスクが出てくるため、そこは無理にお勧めできません。

そのため、**最低限の土地勘のあるエリアにて物件を購入することが大切になります。**

また近隣の客付業者へのヒアリングも重要です。ヒアリングでは主に以下の3つに着目して、訪問を心がけてください。

- エリアの入居者特性（単身or家族、年代、近隣の会社情報）
- 賃貸需要があるエリアか、また想定賃料が適正か
- 部屋の仕様をどこまで作り込めば、想定賃料での入居付が可能か

この3点に注意して物件の購入ができれば、賃貸付におけるリスクを最小化できるので非常にお勧めです。

特に1つ目のエリアの入居者ターゲットの属性把握は慣れるまで何度も行うようにしてください。できれば現地調査前に、ネットから周辺情報を仕入れ、入居ターゲットの仮説を立て、それを検証をする目的で周辺の不動産客付業者へヒアリングを実行すれば、大家としてのスキルも爆上がりします。

●銀行から逆算して取得エリアを決めること

それでは実際に私が取り組んできた物件のエリア戦略についてお話をします。

私の場合、スタート時点での属性が年収、金融資産の面からしても弱かったので、まずは対象エリアを広くとり、利回りで攻める方法を選びました。

また同時に想定銀行である、日本政策金融公庫、三井住友トラストL&F、セゾンファンデックスの各融資エリアを考慮し、以下の3つのエリアにて主に物件探しをスタートしました。

- 日本政策金融公庫向け：北関東エリア（茨城県、栃木県、群馬県の3県）
- 三井住友トラストL＆F（東京都を除く、神奈川県、埼玉県、千葉県の3県）
- セゾンファンデックス（国道16号線の内側のエリア）

その結果、以下のエリアにて2棟目まで物件を購入展開ができました。

①横浜市神奈川区ファミリー区分（3LDK×1室）×住宅ローン
②さいたま市見沼区一棟木造アパート（2K×4室）×三井住友トラストL＆F
③栃木県大田原市一棟木造アパート（2DK×6室）×日本政策金融公庫
④神奈川県川崎市多摩区一棟軽量鉄骨アパート（2K×4室）×セゾンファンデックス

購入歴を見ると、エリアの一貫性がないように見えますが、私として融資想定先を意識して、的確に購入を重ねています。

ただ将来的な物件の拡大を見据えると、なるべく物件取得エリアは集約することをおすすめします。と言いますのも、金融機関は融資する物件だけでなく、現在保有している物件がどこに所在しているのかも融資時には見てくるからです。

管理エリアの兼ね合いで、万が一融資した物件の返済が滞った際に、債務者をグリップする観点でも、保有不動産の所在地がバラバラなのを嫌う傾向があります。ただお伝えの通り、初期段階でエリアを選定しすぎると、購入できる物件が限定されてしまうため、この辺りは3棟目以降意識すればいいと思います。

ちなみに私はそれ以降の3棟目でセゾンファンデックスというノンバンクを利用して、物件を購入しました。

不動産投資で大切なのは、属性と戦略の組み合わせです。手駒をいかに利用して物件購入を拡大していくかを常に考えるようにしましょう。

●そのエリアでの物件購入を迷った時には

特に1棟目は不動産投資の経験がないが故に本当にその物件でいいのか判断を迷うケースも多いのではないかとおもいます。

そんな時にぜひ確認して欲しいのが以下の2軸になります。

・有名チェーン店が周辺に出店しているか

・実需向け新築戸建が周辺で建築されているか

1つ目ですが、例えば有名な飲食チェーン店やドラックストアのチェーン店は出店時には綿密なエリアの出店調査をしています。

つまり今後も人口動態的に需要が見込めるかを調べて出店をしているため、直近で出店がされているお店が物件周辺にあればそれだけ、将来的な賃貸需要が見込めると判断することができます。

2つ目の実需向けの新築戸建ですが、これはシンプルに周辺の実需需要が判断できる点でおすすめのチェックポイントです。

実需向けに需要があるエリアとわかれば、将来的に物件を売却する際に、収益物件としての出口だけでなく、実需物件としての出口も同時に狙えるため、出口幅を持たせることでき、同時に売却価格も高値で売れる可能性が出てきます。

ぜひエリアの選定で迷った際には、この2つのチェックポイントを確認してみてください！

●土地勘のあるエリアに物件を買うこと

賃貸需要があるエリアに物件を購入することは大切ですが、同時に自分が精通しているエリアに物件を買うことも購入後のリスクを抑える観点では大切です。

実際に生活したことがあるエリアや通勤で通っているエリアなど、継続してその土地に足を運んでいる場所であれば、そのエリアの特性を把握して、入居者ターゲットを選定することができるので想定との乖離が発生するリスクを減らせます。

また、実際に生活したことがある土地であれば、物件周辺のライフライン（役所、スーパー、ドラッグストア、郵便局、銀行など）関係のお店の導線も把握ができているので、その物件が生活圏としてニーズがあるエリアかを知って購入ができるので、その点も強みとなります。

逆に土地勘が全くないエリアに、物件のスペックが高いからと言う理由だけで、投資初心者が手を出すと、実際の生活圏ではないエリアで物件を購入してしまいかねません。その場合、長期間入居付できないリスクに直面する可能性があるので、手元キャッシュを特に減らしたくない、投資初期段階では気をつけましょう。

7．投資初心者が手を出すべきではない物件とは

●積算と利回りが投資基準を満たしていても買うべきではない物件とは

投資初期段階では、積算価格と想定利回りを投資基準として見る方が多いと思います。もちろんその2軸はとても大切な指標で確認必須なのですが、それ以外にもぜひ確認をして欲しい点をこの章ではお伝えをします。

具体的に以下の物件概要書ベースでお話をします。

この物件をご覧いただき、あなたは投資案件として検討いかがでしたか。

まず満室時想定利回り14％超え、土地積算価格＞売価の2点を見ると、横浜市内の立地を踏まえると悪くない印象ですよね。また個人的には間取りが2DKとファミリー世帯も居住可能な点を踏まえると、長期的な賃貸需要も狙うことができる点も良さげですよね。

ただ、この物件実はキャッシュが1，000万円以下の投資初心者が手を出すのはお

価格	交通	物件名
2,700万円	横浜市交通局 鶴見駅西口行【寺尾小学校入口】徒歩3分	グリーンコーポ

★満室利回り　14.04%★

★路線価　160D★　土地積算：3840万円!!

間取り2DK×4室！

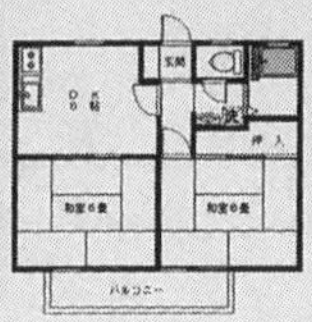

住所	横浜市鶴見区馬場4-10-11
土地権利	所有権
土地面積	240.1㎡（約72.75坪）
接道	北側 公道 約4m
構造・規模	軽量鉄骨造亜鉛メッキ鋼板葺2階建
総戸数	4戸（2DK×4戸）
築年月日	昭和63年6月　新築
種目	共同住宅
床面積	163.68㎡（49.6坪）
用途地域	第一種低層住居専用地域
建ぺい率	50%
容積率	100%
防火地域	準防火地域
現況	924,000 円/年間
満室想定	3,792,000 円/年間
清掃費（月）	144,000 円/年間 想定
光熱費	6,000 円/年間 想定
その他	15,840 円/年間 想定
その他交通	
備考	光熱費（共用部電気代 月500円以下） その他（ユーテレビ 1320円） ※4部屋中1部屋賃貸中 雨漏有・建物西側傾き有・未原復

勧めできない理由が明確にあります。

それは、**以下の3点**が理由です。

- 建物傾き及び雨漏りがあり、**傾きの程度によっては数千万円規模の工事費用がかかる**
- **空室率が50％を下回っているため、各銀行の融資を受けられない可能性が高い**
- **接道状況と土地の形状**を加味すると、土地の積算価格が下がる可能性がある

1つ目は購入後に、建物基礎部分及び屋根部分の修繕のために工事費用がかかる点です。

特記事項に記載がある通り、この物件は建物

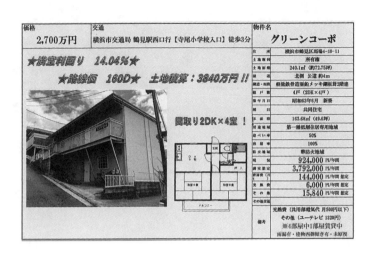

の傾きがあるようです。

建物の傾きの理由は大きく2つで、「地盤沈下による傾き」と「建物基礎部分の経年劣化に伴う傾き」です。万が一、前者の地盤沈下を理由とした傾きの場合、地盤改良工事で最低でも数百万円から最大で数千万円規模の改良工事費用がかかる場合もあり、購入前に詳細な調査をしないで購入するとかなりのリスクが伴います。また投資初期段階で手元資金がない状況で購入してしまうと、その後の買い増しに大きなマイナスの影響を与えるので、その辺りは細心の注意を払ってください。

2つ目は「稼働率50％以下の物件」についてです。銀行からの融資を受けて物件を購入する場合、既存の稼働状況がかなり重要です。

一般的に**稼働率50％を下回る**と、銀行は賃貸状況が思わしくないと判断し、融資対象外と判断するケースが多いです。これは不動産賃貸業として実際に既に何棟も購入している大家さんとの違いです。事業性融資であれば過去の賃貸実績をもとに融資審査が可能なため、銀行も現状の稼働率をそれほど重視せずに、融資審査できるのですが、投資経験が浅い新米大家の場合、現行の稼働状況を加味した上での融資となるため、目安として稼働状況が50％を下回る物件には手を出さないようにしましょう。

3つ目は「積算価格の計算方法」についてです。

土地の積算価格とは一般的に、前面道路の路線価×土地面積にて算出をします。ただ、その計算式の前提に接道条件と土地の形状が一定条件満たしていることがあります。

まず接道についてですが、公道と私道の場合で銀行によっては、掛け目が入ることがあります。当たり前ですが公道の方が道路としての評価が高く、私道の場合は路線価が付かず、周辺の路線価に掛け目を入れることで土地の価値を算出するケースが多いです。

次に、土地の形状について、これも整形地であることが土地評価を最大に見る際には前提としてあります。そのため、土地の形状が歪である場合、再建築時の建築有効面積が狭くなり、その分銀行の掛け目が入るため、単純に路線価×土地面積では評価してもらえないケースが多いです。今回の概要書の土地も、土地の形が歪でかつ、敷地に傾斜があるため、再建築時には擁壁の改修工事も絡むことから、土地の評価もマイソク記載の土地積算金額までは伸びないと判断ができます。

このように物件資料の情報を鵜呑みにせずに、しっかりと資料1つ1つの裏付けを取る作業を繰り返しましょう。それが最終的に物件購入時のリスクヘッジとなり、あなたの投資リスクを下げる一助になります。

●融資が複数の銀行から受けることができない物件

不動産投資は購入して終わりではなく、売却を確定させ、家賃収入と売却収入の合算での利益が仕入れ値を上回っていることで、投資として成功だったか否かの判断ができます。つまり、出口を描くことで最終的な投資の善し悪しがわかります。

それを踏まえると、売却時に買い手側の融資が付く物件かが非常に重要な視点になります。そのリスクを回避するために有効な方法が、購入を検討する段階で銀行の事前打診を複数の銀行に行うことです。これにより、**自分が購入する際の銀行の選定と**

同時に、売却時に買主が利用可能な銀行の洗い出しも可能になります。同時並行で取り組むため、タスクとしては少々面倒な部分もあるのですが、これをやるorやらないで売却時の出口の選択肢に大きな差が生まれます。

仮に1つの金融機関のみでしか融資可能性がない場合、次の買主が同じ銀行を利用して、融資を受ける場合、基本的には売主が実際に融資を受けた金額が融資上限として見られるケースが多く、融資金額が伸びにくくなり、買い手側がそれを理由に取り組めずに商談がまとまらないことが予想されます。そのため、なるべく2つ以上の銀行で融資が可能な案件について購入を進めると出口時点のリスクも抑えられ、おすすめです。

●物件規模が小さすぎる物件

せっかく物件を購入しても、キャッシュを生まない物件だとそれ以降の物件を購入する際の足枷になるので注意が必要です。その観点で大切となってくるのが、**物件規**

模が小さすぎる物件を買わないことです。

例えば、利回り12％の1部屋賃料が4万円の単身向け木造一棟アパート（1K×4室）を1、600万円で購入した例で考えます。

- 融資先：三井住友トラストローン＆ファイナンス
- 融資金額：フルローン（＝1、600万円）
- 金利：変動金利3・9％
- 融資期間：30年

上記条件の場合、毎月のキャッシュフローで見ると、

- 家賃収入　　：16万円
- ローン返済　：約7・6万円
- 固定資産税　：約1万円

- 管理費（5％）：8、000円
- CF　　　　　：**約6・6万円**

このくらいの数字になります。

ただここで差し引いた経費は最低限の費用なので、これ以外に共用部の電気代や簡易な修繕費等踏まえると、実質的な毎月手残りが5万円前後となるため、1部屋空室が出るとほぼキャッシュが残らないです。仮に2部屋空室が出れば、すぐにキャッシュフローはマイナスに陥り、賃貸経営が苦しくなります。

私の経験上、物件の規模感については以下の2つのルールに従って、物件を購入すれば、安定的な賃貸経営の観点でもおすすめです。

- 最低家賃以上の物件を購入する
（単身向け：3万円、家族向け：4・5万円がライン）
- 単身向け物件は6部屋以上、家族向け物件は4部屋以上の規模の物件にするこの2つのルールを守って、物件購入を進めれば、物件規模を理由に想定に対して、キャッシュフローが残らないリスクを抑えることができます。

●1部屋の賃料が安すぎる物件

不動産賃貸業は定期的に退去が発生します。

退去時には原状回復費用と古くなった設備の修理費用が発生し、数十万円規模で費用がかかります。それを考慮すると、**1部屋あたりの賃料が安すぎる物件には手を出すべきではありません**。

私の経験上、単身物件で3万円、ファミリー向け物件で4・5万円未満の物件は投資基準上選択肢から外すことにしています。理由は退去時のマイナス分を加味すると、毎月のプラス分が弱いためです。

簡単な例で説明します。仮に大学生向けの単身アパートがあり、賃料が2・5万円の場合、入居期間が2年と仮定した場合、

〈収　入〉

- 2・5万円×24ヶ月：60万円

〈支　出〉

- 退去後の原状回復費用と設備修繕費用：約20万円
- 客付時仲介手数料（2ヶ月分）：5万円

＋）35万円

簡単な試算ですが、**支出が収入の40％以上占めてしまう可能性**もあり、またこの試算では入居中に発生する修繕依頼を加味していないため、それら支出が伴うとさらに支出割合が増え、収支のバランスとしての旨味が減ります。これを加味すると経験上、単身向け物件で3万円未満、ファミリー向け物件で4・5万円未満の物件は無理をしてを出すべきではないと考えます。

8．内見時にチェックすべき重要ポイントとは

●内見＝物件調査だけではない！

内見と聞くと、実際に現地へ行って、物件内部及び周辺環境を確認するだけだと思っている方が多いですが、実は違います。現地の情報と並んで大切な情報があります。それは、物件周辺の地場不動産業者へのヒアリングです。物件周辺の不動産業者の最新の賃貸需要及び想定賃料を確認して、レントロールとの乖離がないか確認することがまず大切です。レントロールは特に「空室の賃料」と「入居期間が5年以上前の部屋」の2点に注意してください。

1つ目の「空室賃料」はまず投資初心者に注意して欲しい部分です。レントロールの空室部分は現状募集しているor募集したい条件をもとに金額を決めるケースが多く、現状募集して賃貸が決まる家賃で設定をされていません。そのため、ありがちな例が、以下の例です。

例：アパート6部屋がある場合（※間取りが全て同じ場合）

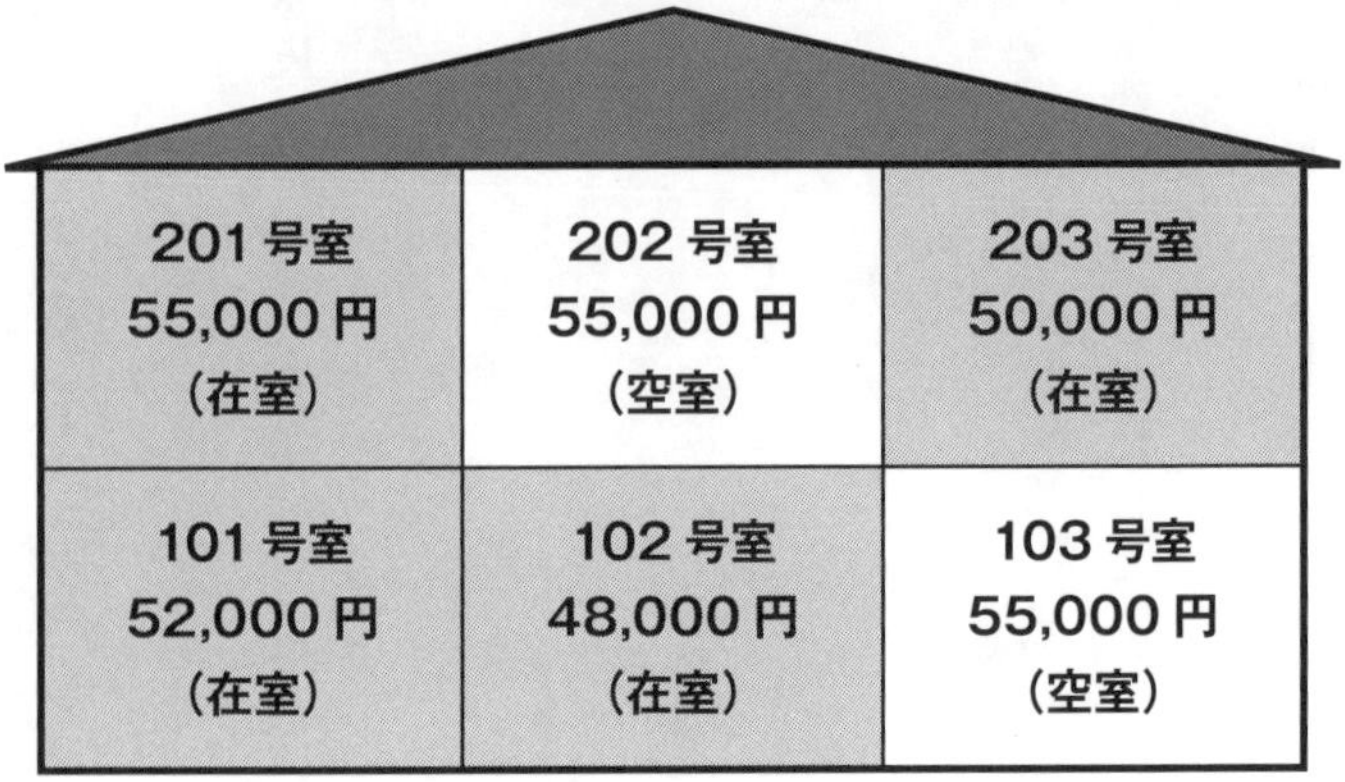

これがよくあるレントロールのパターンで気をつけて欲しい例です。

この資料を見てわかる通り、６部屋中４部屋が賃貸中で、２部屋が賃貸募集中です。

４部屋中１番賃料の高い部屋が２０１号室の５５、０００円、最も安い部屋が１０２号室の４８、０００円です。

この場合、新規で空室を募集する場合、最低価格で見ておかないと賃貸付の部分ではリスクが高いです。なぜなら、賃料が最も高い部屋は入居期間が長く、当時の賃貸条件で長期間住んでいる場合もしくは、リフォームがされており、室内の賃料価値が高まっているからのどちらかの理由が多いからです。

この場合の正解は、最低賃料で埋まっている、102号室の賃料（＝48、000円）をベースに見ることです。最低賃料で空室部分を試算することで、想定賃料との乖離を生まないことが可能になります。

2つ目の「入居期間5年以上経過していない部屋か」については、最新家賃との実態が離れていないかをリスクヘッジするための確認事項になります。

入居から5年も経過すれば、最新の賃料相場と比べて、割高になっているケースが一般的に多いです。そのため、物件資料一式をもらう際に、全部屋の賃貸借契約書を確認し、同時に入居開始時期も併せて確認するのがいいでしょう。

入居開始時の賃貸借契約書がない場合などもあるので、その際には管理会社がいる場合には、管理会社を通じて確認してもらうのがおすすめです。

●地方物件の場合、駐車場の確保が必須

私が購入してきた物件で一都三県以外のエリアですと、北関東エリアで物件を買い

進めてきました。特に茨城県は私の地元である福島県の隣県であり、親戚が住んでいたこともあり、土地勘があるため、積極的に手を出してきました。

ただ地方物件は一都三県の物件と入居者の普段の移動方法に大きな違いがあります。その違いとは、ズバリ「自家用車による移動」です。

一都三県エリアでも公共共通機関のアクセスが悪いエリアに住んでいる場合、自家用車を世帯に1台保有し、移動しているケースもありますよね。

ただ地方物件の場合、世帯で共働きのケースでは、基本的に夫婦どちらも自家用車を保有しているケースが大半です。私の地元を思い出しても、両親もそうですし、周りの家族を見ても、皆そうだったので、基本的に地方物件についてバラツキはありますが、職に就いている世帯員がいる場合には自家用車はその人数分持たれているケースが多いです。

そのため地方物件では間取りに応じた入居者ターゲットを想定し、その世帯に必要な台数分の駐車スペースの確保が重要です。物件によっては敷地内だけで世帯数分駐車場を確保できない場合もあります。その際には敷地周辺の月極駐車場の活用も検討しましょう。ただ月極駐車場の許容距離ですが、目安として徒歩2分以内が望ましいです。仮にそれ以上時間がかかってしまう場所だと、雨の日など天気が悪い日を想定し、使い勝手が悪いと判断をして、入居が決まりにくい要因にもつながります。

地方物件の場合には、駐車場ありきで賃貸を決める動きが多いので、その辺りはぜひ現地調査時に確認を必須としましょう。

●外観の大規模修繕が不要か

私は過去にアパート13棟、戸建6戸を購入してきましたが、実は大規模な外壁塗装工事をしたことがありません。それには明確な理由があり、物件検討時に外観工事に大きな修繕が必要な物件は購入を見送ってきたからです。

私の投資経験上、物件の外観工事にお金をかけても、それが家賃へ直接的に影響を与えるかというとそれほど要因としては強くない印象です。

どちらかといえば、内装のクオリティの方が家賃の増加には直結する部分が強いです。それでは外観は何に対しての影響が強いかといえば、客付の部分になります。

入居検討者が内見時に、物件の外観をみて、直感的にこれは無いなと思われれば、その時点で選択肢から外されてしまうリスクがあります。つまり、物件の外観については、入居検討者が最低限、入居に際して足切りされないクオリティを担保していれば入居付はできます。また投資初心者の方が外観の大規模修繕が必要な案件に手を出すと、200〜300万円が平気で出て行ってしまうため、キャッシュアウトのリスクの観点からもおすすめをしません。外観の大規模工事が必要な案件は、物件を数棟購入して、大家としての知識と経験を養ってから、リスクを取って攻めていくことをおすすめします。

●瑕疵物件ではないか

不動産投資初心者の方は瑕疵物件には手を出さないことをおすすめします。

瑕疵物件とは具体的に、

- 雨漏りがある物件
- シロアリ被害がある物件
- 建物もしくは地盤に傾きがある物件

これら物件主要部分に瑕疵のある物件を投資初期段階では手を出すべきではないです。理由は2つで、「購入後の大規模修繕費用の可能性ある点」と「賃貸をスタートするまでに時間がかかる点」です。

1つ目の「購入後の大規模修繕費用」についてですが、これらの主要な瑕疵に関しては、購入前に業者を手配して調査をかけても、建物内部の詳細を調査しないと欠陥の理由がわからないケースが多く、購入後に想定よりも修繕費用が上振れするケースが多いからです。

購入前の内見時の場合、売主と仲介業者の許可を得て、建物内部まで調査を入れるのは現実的に難しく、あくまで表層部分の調査で購入に至るケースが多いからです。収益物件の購入に慣れ、ある程度リスクを取って攻められるフェーズではいいですが、投資初期段階でリスクを追いすぎて瑕疵物件には手を出さないようにしましょう。

2つ目の「賃貸スタートまでに時間を要する」については、手元キャッシュを減らさない目的があります。

投資初期段階の場合、サラリーマンの方が副業として始める場合、手元資金が1、000万円以下の方が圧倒的に多く、その後の物件購入へ向けてできる限り手元キャッシュを残しておきたいという方が多いはずです。そのため瑕疵物件を購入して、賃貸のスタートする時期が遅くなればなるほど、ローン返済により自己資金が減ってしまい、虎の子のキャッシュを減らしてしまうためです。

物件拡大の初期段階こそ、手元資金を1円でも多く見せることに注力すべきなので、賃貸を始めるのに負担感の大きな物件はまず手を出さないようにしましょう。

●入居者属性について

現況入居者の属性を把握することは、今後空室部分の賃貸募集を開始する際に非常に有効です。なぜなら、現在の入居者と今後入居する入居者層は基本的に一緒で、その層に響く室内の仕様や募集条件にすれば、物件が決まりやすくなるためです。

仮に周辺に工業団地の広がる場所で、20~30代の単身男性が多い場合、部屋の仕様にこだわるよりも、周辺物件と比べて割安な価格で物件提供をした方が決まりやすくなる傾向があります。

若年の単身者の場合、趣味や娯楽にお金を使うケースが多く、住宅費への負担はなるべく軽くしたいと考えるからです。

これはあくまで一例ですが、このように**現況入居者の属性から、今後の入居希望者のペルソナを設定して、物件の作り込みを行うやり方は効果も高く、おすすめです。**

ただ賃貸借契約書は個人情報が絡むため、契約前に資料提供を嫌がる不動産業者も多いことから、その辺り案件毎に仲介の担当者に相談をして、銀行が融資審査上入居者の属性を把握する必要があり、稟議に賃貸借契約書が必要など理由をつけて、開示してもらうのがいいです。

●家賃滞納の入居者がいないか

家賃滞納は不動産賃貸業を行う上で、一番避けたい部分です。

理由は滞納の場合、未収入金として損益計算書上には反映されるため、売り上げとして計上するにもかかわらず、手元キャッシュとしては回収ができていないためです。つまり、**売り上げがないにもかかわらず、売上計上され、課税対象とされ、税金を支払うことになる**のです。

賃貸経営をしていて、これほどバカらしいことはないです。収益を生むために購入した物件がむしろ会計上は売上を出しているのに、実質的なキャッシュフローベースではマイナスになるという状況です。

この状況に陥らないためにも、購入時にはレントロールと賃貸借契約書を確認しながら、同時に過去を含めた現在の滞納状況を確認しましょう。仮に数日支払いが遅れているなどであれば改善の見込みもありますが、継続的に滞納が発生している案件はかなり慎重に取り組みを決めましょう。

●最寄り駅からの動線を確認する

私が1棟目のアパートを購入する時から実践している内見方法です。それは実際に入居者の目線で最寄り駅から物件までの動線を歩くことです。

物件概要書やGoogle mapで現地までの距離と時間はわかる時代ですが、実際にリアルに体験する事でネットでは拾えない情報が多くあります。

例えば、物件周辺のゴミ捨て場を知る際に、事前の物件情報ではゴミ捨て場の情報は必須事項では無いため知らないケースが多いと思います。

実際に徒歩で現地へ行って、物件周辺を観察することで、初めて入居者が利用するゴミ捨て置き場を把握する事ができます。地域によってはゴミ捨て場の管理が指定され、所有者が時期によって当番制で管理するパターンなどもあるため、オーナー負担となる内容なのでその辺りも現地を実際に確認する際に把握しましょう。

また、物件周辺の駐車場や駐輪場の情報も大切です。

物件が駅から10分以上離れている場合、駅近物件と比べると自転車の保有率は上がります。そのため、敷地内に駐輪場が世帯数分確保できているかも購入前に確認した方がいいでしょう。さらに地方物件で自動車の保有率が高いエリアの場合も同様の考え方です。

敷地内に世帯の必要台数分確保できるのが一番好ましいですが、仮に確保できない場合でも敷地から徒歩2分以内の場所で月極駐車場を確保できるかを現地調査時に確認しましょう。

●周辺の治安状況

内見に行く時間帯ですが通常日中の明るい時間帯が多いと思います。ですがあえて、**夜の時間帯に検討物件へ行くこともおすすめします**。

理由は夜間帯に物件周辺の街灯が明るく、駅から物件までのルートが安全かを確認するためです。特に入居者ターゲットを女性入居者にする場合、安全面は一番優先ポイントになります。

そのため、物件までの導線で夜間に危険を感じる経路があれば、その迂回道路があるか、またその経路しか使えない場合には、**実際に若い女性が一人で夜間帯に徒歩で帰宅しているかを現地で確認しておくと良い**でしょう。

仮に現地確認時に18〜20時の帰宅ラッシュの時間帯に全く女性がいない場合には、そもそも対象物件として再検討するのも手でしょう。

9. 物件を継続して買える体質になるには

●優良収益不動産を買い続けられる生活習慣とは

私は約7年間の間に一棟アパート13棟、戸建6棟、区分1戸の不動産を購入してきました。ペースで言えば、1年間に2~3つの物件を買うペースです。

しかもその中で、戸建2つを除いて、現在全て売却済みなので、売却決済も含めると尋常じゃないペースで取引をしています。

購入できた物件以外にも、毎日新着物件情報を最低でも20~30件精査していており、この意思決断を支えているのは間違いなく日々の生活習慣だと思ってます。

私が好きな言葉に「習慣が変われば人格が変わる。人格が変われば運命が変わる。」という、著名な著者であるウィリアム・ジェイムズの言葉があります。

いい生活習慣を整えることで、不動産投資でも加速的に物件が買えるようになります。

私の具体例で言えば、

【運動編】

- 毎朝30分のランニングを取り入れ、フットワークが軽くなり、急な物件紹介の際にも内見対応できるようなった。
- 運動習慣で体力がつき、毎日サラリーマンの仕事以外の時間帯も精力的に不動産投資に費やすことができた。

【学習編】

- 月20冊の本を読破して、不動産投資をはじめ各種ビジネスの関係知識を身につけ、時間の効率化に成功し残業を0に。

その時間を不動産事業へ充てて、現金1億円を作ることができた。
・不動産投資に精通しているコンサルタント10名以上と有料面談をし、その中で1番スタート時点の属性が近かった方をメンターに据えて、再現性の高い戦略で取り組む事ができた。

【生活編】
・公務員時代、毎日弁当を自炊して、昼食代を浮かし、貯金へ回して、25歳で自己資金200万円を作った。
・大きな出費（1万円以上）をする際には、一旦当日は買わずに持ち帰り、翌日以降も必要性を感じたら、購入することで、衝動買いを抑制した。

この3編は私の実体験です。

正解はないですが、こうゆう本業へリンクする生活習慣を実行すると成果に直結するのでおすすめです。

●出会いが一番の投資、自分より優れている人には積極的に会いに行くこと

本を読んで知識と情報を得ることはとても大切です。ただそれ以上に大切なのが、人との出会いです。

私も今の境遇を手に入れることができたのは、間違いなくメンターや周囲の成功者の存在が大きいです。

身近にロールモデルとなる存在がいれば、その人を徹底的に真似ることで成功の確率がめちゃくちゃ上がります。

逆に言えば、そのロールモデルを探し出す過程に一番お金を投資する方がコスパがいいです。実際に私も、不動産投資を始めると決めてから、不動産コンサルタントの有料面談5回ほどそれぞれ受けて、その中で一番スタート時点の属性と将来のライフ

プランが似ている人をメンターとして正式なコンサルタント契約を結び、買い増しを進めてきた経緯があります。

まずは今の自分の属性を分析し、それを踏まえて再現性の高い投資法で取り組みましょう！

また同時に大家の会などで自分と似た境遇で今後不動産投資を拡大していきたいと考えている同志を社外に作るのがおすすめです。お互いに切磋琢磨して成長できるのはもちろん、不動産関連の最新情報を常にシェアできればお互いにとってプラスの効果が見込めます。

私も大家の会で知り合ったメンバー5人と切磋琢磨して、その後自分達で大家の会を運営できた事が今の境遇に繋がっています。

会社勤めで同僚や同期、学生時代の仲間としかつるまないと日々のモチベーションが上がらないことと、視野が狭くなるリスクがあります。これを回避するためにも意識が高く将来のために頑張ってる仲間を作りましょう！

●知識や情報を得ても、それを実践しなければ何も得ることはできない

本の学びやメンターからの教えも、それを聞いているだけでは何もリターンはありません。知識と情報は利用してこそ初めて価値が生まれます。

また周囲で動けない人達を見ていて思うのは、いわゆるエリートと呼ばれるハイステータスの方（医者、外資系コンサル、官僚など）の方が万が一失敗した際のリスクばかりに目を向けて、一歩目のスタートが切れない方が多い印象です。

不動産投資の良い部分は、**他の事業に比べて参入前にある程度のリスクを顕在化できる点です。**

- 空室リスク
- 滞納リスク
- 価格下落リスク

など不動産賃貸業のリスクがありますが、これらはそれぞれ事前に調べておくことで、リスクを最小限に抑えることができる点で他の事業と比べてもリスク対応が取りやすい点がメリットです。

なので、**100点の物件が出るのを待つのではなく、60点以上の合格点が与えられる物件であれば、まずは購入してその足りない40点を購入後に付加価値として付けていくような動きが効果的です。**

先行投資して身につけた知識と情報を活かして、物件の取得を1日でも早く達成し、まずは物件がもたらすお金の流れを把握しましょう。

お金の流れを理解して、運営できれば、それだけで賃貸経営のリスクが可視化できるので、当初ほどリスクを感じることなく、2棟目以降の物件への取り組みができるようになります。

●自己投資で時間を買って最短で成果を出す

本、セミナー、コンサルなど有料でサービスに課金するものは、基本的には「**お金で時間を買う行為**」だと思っています。

お金を出して、情報や知識を仕入れて、それを実際にアウトプットすることで、本来独学では1,000時間かかるものを500時間で身に付けることができるようになります。**そこで浮いた500時間でかかった費用分を早々に回収してまえば、残った時間分の売上は全て利益になります。**

できる成功者はこの考え方がみんなできています。

私の周囲の経営者で事業を順調に拡大している人は、特にお金で時間を買う発想ができる人が多いです。

特に不動産投資は戸建の場合は最低でも数百万円から、1棟の場合は最低でも数千万円単位の高い買い物です。その買い物をするのに先行投資の数万円を節約するのは非常に勿体ないです。

極論ですが、**不動産投資の関連書籍を10冊くらい買って読んでいれば、積算価格の考え方がわかり、物件を市場相場の価格よりも割高に買うことをしないで済みます。**

その費用をケチったばかりに、最初の物件購入で業者の言いなりになり、割高に物件を買ってしまい、2棟目以降の物件購入に四苦八苦する人を過去の不動産個別面談で100人以上見てきました。

ぜひ本書を読んであなたは、間違った物件を高値で掴まないように、情報への先行投資の概念を覚えていてください。

●決断スピードを早くすること

経営者の仕事は「決断をすること」であるとよく言われます。

決断するには過去の経験や実績をもとに常にその決断が最適かどうかを疑う必要があります。

不動産賃貸業も一緒で毎日物件を検索して、案件検討を進めると、決断の連続です。

その決断スピードの差が優良物件を仕留める際には重要です。


私も実際に不動産投資初期の頃は不動産業者の営業マンから個別で紹介を受けた案件で、スピード勝負と言われ、決断ができずに他の検討者にさらわれて買えなかった経験が数え切れないほどあります。

その経験から学んだのは、**日常の意思決定スピードを上げて、それを仕事にも活かす方法でした**。意識して日常生活に取り込んだことで、私の場合には実際に物件を仕留める事ができる確率がその後飛躍的に上がりました。

そんな日々の決断スピードを上げるおすすめの方法があります。それは、**日常の何気ない決断のスピードを意識的に上げることです。**

おすすめの方法は**外食で飲食店へ行った際に、5秒以内に注文を決める方法**です。

何度か通った事がある店であれば特にメニュは把握しているはずなので、その時の直感でメニュを決める癖付けをしましょう。

同様に**メール、LINEへの即レスも決断力を上げる意味では有効です。**

一度開封したメッセージをその場で返信した方が、後で二度見しない分時間を浮かせる事ができます。

こうゆう細かなルール決めを日常生活の中に落とし込んで実践すると決断スピードが上がります。

ぜひ騙されたと思って、実践してみてください。

SECTION-3

〈実践編〉

10. 購入後の客付戦略について

●客付にて訴求させるパターンは大きく2つ

収益不動産の場合、賃貸戦略は以下の大きく2つに分類ができます。

・最低限のリフォームで地域最安値にて提供をする
・リフォームをかけて、近隣相場のプラスαの賃料で提供をする

細かく分類すれば、他にも市場へ提供する方法ありますが、今回はわかりやすいように2つに分類します。

私の場合、前者の最低限のリフォームにて最安値で貸出することで客付の優位性を担保していました。単純に私にリフォームセンスがあまりないのもありますが（笑）。
それ以上に同じ間取り、同じ床面積にて地域最安値で物件を提供すれば、賃借人が

付かないことがあり得ないです。特に年収400万円未満の比較的低所得者層向けの賃貸がメインなので、その年収帯の方は物件を決める際に家賃を最重要に考えて、賃貸を決めている方が多いです。それを踏まえて、地域最安値戦略で進めたところ、結果として、今まで保有不動産は半年以下の短期売却案件を除いては、購入後満室まで持っていくことができています。

どちらの客付戦略で行っても正解はないですが、仮に後者の戦略で行く場合、仮にリフォーム200万円をかけても、その分家賃にプラスαをして賃料が取れると想定しても、実際に客付に難航して、結局想定賃料以下の家賃で貸出せざるを得ないケースがあります。そのリスクを加味すると、投資初心者はまずは前者の提供価格で優位性を持つやり方がマッチするのでオススメです。

●仲介業者への客付依頼時には予算にバッファを持たせること

エリアにもよりますが、賃貸付を不動産仲介業者へ依頼する際には、広告宣伝費用として月額賃料の1～3ヶ月の広告宣伝費を求められるケースが多いです。

依頼する形としてはなるべく安く抑えて、全体の利回りをあげたいと思いますが、ここで注意が必要です。

客付業者へ依頼する理由は、**保有不動産の客付をしてもらうため**です。そう考えると、依頼時にガチガチに客付時の条件を提示するよりも、「広告宣伝費として2ヶ月分予算を与えるので、お客様の要望次第でその予算内であれば入居時費用として使って問題ない。」と伝えて担当者に裁量を与える方法です。

家主が条件面で柔軟性がある方が、客付依頼を受けた業者側も、入居希望者の要望内容を加味して、臨機応変に動けるので好まれる傾向があります。

実際に私も当時保有していた土浦市のアパートの客付時には、管理会社へ広告宣伝費予算として2ヶ月分を事前に伝えて、その中で入居希望者の要望次第で柔軟にお金の振り分けをしてもいいと伝え、客付業務をしてもらいました。

結果として、募集から3週間後に担当者より連絡があり、洗面台の設備が古いため、新しい洗面台を導入すれば、入居したいとの交渉があり、結果的に広告宣伝費1ヶ月+洗面台の支給で賃貸契約を纏めたことがあります。経験上、管理会社の担当者に仕事の裁量を与えた方が、あちらも責任を持って仕事に励む傾向もあるため、このやり方はとてもおすすめです。

●安定した家賃収入を得るため、入居者に長期入居してもらうためのコツ

既存入居者が長期的に居住してもらい、家賃収入としてインカムゲインで収入を積み上げるのが不動産賃貸業ではとても大切。それを継続して売上を出すためには、入居者にいかに快適に住んでもらうかがシンプルですが一番大切です。1棟物件居住者が主に重要視するポイントとしては、

- 共用部の清潔感
- 更新料の有無について

・入居者間のトラブル

1つ目の「共用部の清潔感」について、これは内見時に物件への外観と合わせて第一印象として見られる部分です。共用部の電気が切れてないか、ゴミが落ちてないか、放置自転車が無いかなど、管理会社を通じて定期的にチェックをして、特に繁忙期である1~3月の時期などは、内見予約が入った前日に共用部が整っているか確認するのがおすすめです。

2つ目の「更新料の有無」について、これも最近の賃貸条件の流れを踏まえると、都内一等地の物件で引く手数多の物件でない場合には、更新料の廃止も場合によっては検討してもいいでしょう。更新料1ヶ月分の支払いを理由に入居者が引っ越しをしてしまうと、原状回復費用、リフォーム代、賃貸募集の広告宣伝費用で賃料2~3ヶ月分平気でかかってしまいます。それであればいっそ、更新時の手数料は取らない形にして、その分入居期間を長期化させて、安定的な賃料収入を狙うやり方もおすすめです。

3つ目の「入居者間のトラブル」について、これは私も過去に2度ほど経験をしています。

1棟目に購入をしたさいたま市見沼区の単身向けアパートでの出来事です。この物件は、初めての物件だったので自主管理を当初していました。すると購入後3ヶ月後に、入居者から隣人が早朝の時間帯うるさいとの報告を直接電話で受けました。管理会社を利用してなかったため、報告を受け、両者が在宅する日程を調整して三者で話し合う機会を持ちました。すると、苦情を受けていた入居者が新聞配達の仕事をしている関係で、早朝に出勤準備があり、その生活音が原因で苦情が発生していたことがわかりました。

幸いにも双方ともそれほど主張が激しいタイプの住人ではなかったので、話し合い以降はなるべく生活音を出さない形で出勤準備をしてくれたため、それ以後は同様の苦情が発生せずに済みました。また苦情を申し出た住民も、このトラブルがきっかけで仲良くなり、物件の共用部などでトラブルが発生した際には、仕事の依頼もさせていただく間柄になることができ、管理会社へ依頼をするまで非常に助かりました。

このトラブルがきっかかで、揉め事が発生した際には、内容が何であろうと、関係者で集まってそれぞれの意見を言い合うことが大切だと学びました。

トラブル発生時に、苦情を言う人はトラブルの解消はもちろんですが、それ以上に現状の自分の不満を知って欲しいことが多いです。なので、対面で直接内容を聞いてあげることで、かなり納得をしてもらうことができ、いい方向に着地を持っていくことができます。

この3つが経験上重視される項目です。以前であれば当然発生していた更新料も、最近では必須ではなくなってきており、万が一更新料を無料にして、更新契約してくれるのであれば、退去後の原状回復費用・新規募集時の広告費など踏まえると、更新料なしで契約更新した方が大家としてもプラスの側面が大きいです。

●徹底的なヒアリングと調査で入居者ターゲットを明確にすること

不動産賃貸業で最も大切なことは、**保有物件の満室化の維持**です。

銀行融資で購入した物件で空室が続くと、それ以降に融資を受ける際、2棟目以降の融資先金融機関が融資を渋る可能性があります。なぜなら、**不動産賃貸業における業績＝いかに想定賃料にて最短で空室を埋めて、それを維持しているかが見られるからです。**

購入時の想定と購入後の賃貸想定に支障が出ないためには、購入検討時にどれだけ**入居者ターゲットを明確化**するために大切な質問は以下の3つです。

- 近隣の会社などから、入居者の属性、家族構成を予想して、部屋を仕上げる
- 近隣の平均年収から、入居賃料を決める
- 類似物件での賃貸需要があるかを調べる

1つ目の「入居者属性を調べて、部屋を作り込む」ですが、これは入居者を最速で決める上で非常に大切です。

入居者ターゲットに応じて、部屋のリフォームをどこまで予算を組んで取り組むか

が決まります。

例えば工場勤務の30代単身男性をターゲットとした場合に、水回りの設備にお金をかけて、グレードを上げたとしても、彼らは家賃の安さを理由に入居を決めるとするとリフォーム分を家賃に乗せることが難しくなります。

逆に感度が高い、大学生の女性入居者をターゲットとする場合には、室内のクロスやフローリングなどに費用をかけてでもオシャレな室内に仕上げた方が、早期に賃貸付けができ、また家賃もリフォーム分乗せることができる可能性が高いです。

そのように入居者ターゲットを決めると、**彼らが何に訴求されて、入居を決めるかが**見えてくるのでおすすめです。

2つ目の「平均年収を把握してから、募集賃料を決める」やり方は賃貸募集を早期で決める上でとても有効です。例えば、近隣の平均年収400万円のエリアだと、ボーナスを除いて年収が25万と仮定すると。一般的に家賃は給与の**25%**程度が平均値のため、6万弱が出せる上限の賃料となります。その場合に単身向けの部屋を募集賃料8万円で出しても、一部の層しか入居対象にならず、賃貸募集が苦労する可能性が高まります。それを回避する意味でも購入前に周辺の賃金ベースを確認して、そこから逆算して賃料を決めることが大切です。

3つ目の「近隣類似物件から賃貸需要を把握する」方法ですが、これはそもそも検討物件が購入後も長期的に満室経営ができるかを裏付けする部分にも通じます。

購入予定の物件を内見後にネットにて築年数、間取り、建物種別が似ている物件を探し、3~5物件ほどリストアップします。その後、各物件の稼働状況を各物件の管理会社を通じてヒアリングを行い、全体的な稼働状況を調べます。

万が一、このヒアリング時点で全ての物件にて稼働率が**70%**を下回っている場合には注意が必要です。あなたが万が一購入をしても、そのエリアでは満室稼働ができない可能性が出てくるからです。

この基準値は人によって、変えてもいいですが、まず初心者の方には70%を目安にヒアリング及び物件の仕入れ活動進めてもらえればと思います。

この3つの基準で賃貸付のヒアリングを実行すれば、購入前と購入後の賃貸想定に乖離が発生しづらくなります。

絵に描いた餅にならないためにも、購入前の近隣業者へのヒアリング作業は疎かにしないで、抜け漏れないようにしましょう！

●ネット掲載を通じて自分で客付にもチャレンジしてみよう

ここまで不動産業者を通じての客付に関してお伝えしてきましたが、私は今まで2度自分で客付を経験したことがあります。業者に依頼するのは簡単ですが、不動産投資初期段階は特に自分で色んな経験を積んだ方が、トラブルが発生した際などの対処法を身に付けることができるのでおすすめです。私の具体的なエピソードは、1棟目に購入したさいたま市見沼区の単身向けアパートでの話です。この物件は当初半年ほど自主管理をしていたのですが、購入後大宮駅前の不動産業者5社ほどに客付を依頼するのと同時に、自分でもネット掲載をして入居者を募集してみました。具体的なサイトは「ジモティー」という、地域の掲示板情報が載ったサイトです。

▲「ジモティー」トップページ

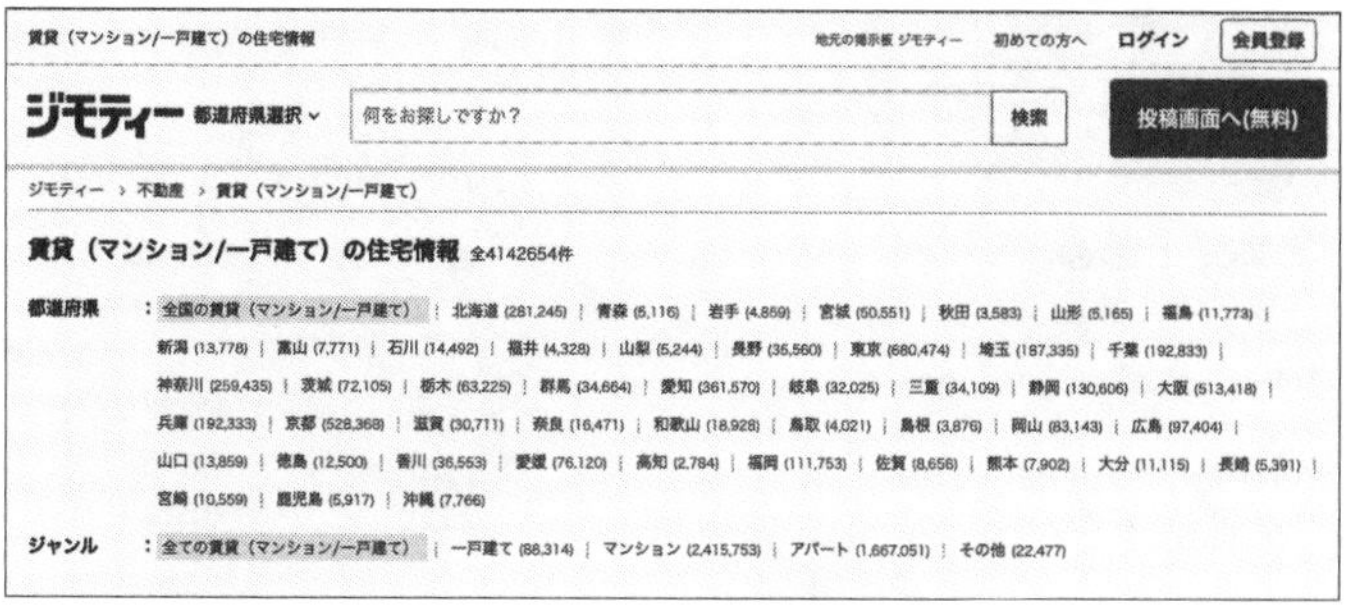

▲不動産「賃貸募集」のページ

こんな形で掲載がされます。

しかも物件情報を無料で記載することができ、希望の募集条件で掲載をし、興味がある方からの問い合わせに対して対応することで希望者との直接のやり取りが可能です。

このサイトを通じて、実際に賃貸条件を詰め、双方間で合意があれば直接会って面談をして、契約を結ぶという客付が可能です。

実際に私もこのサイトを通じて、2件ほど自分で面談、契約

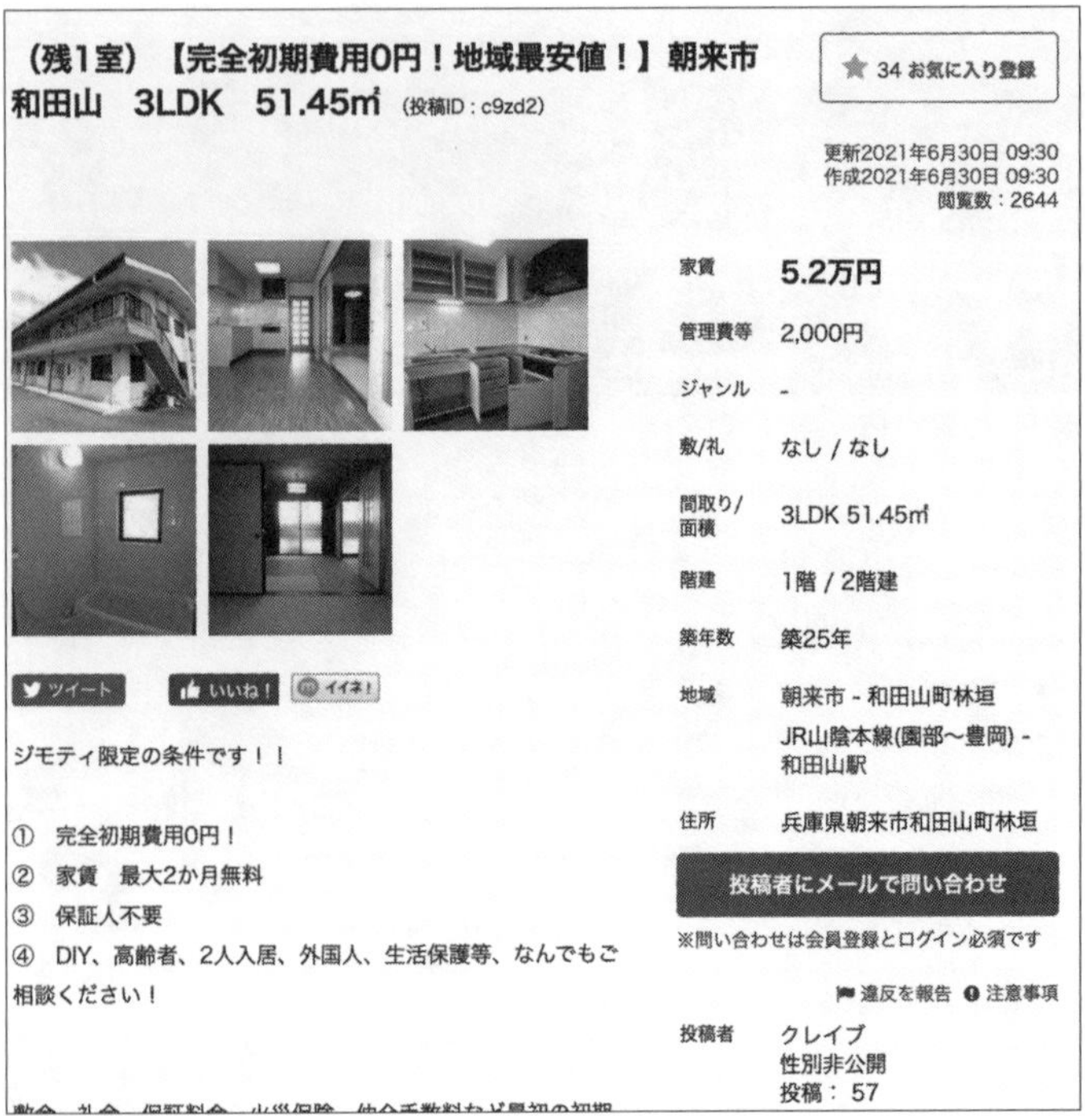
（残1室）【完全初期費用0円！地域最安値！】朝来市和田山　3LDK　51.45㎡ (投稿ID：c9zd2)

34 お気に入り登録

更新2021年6月30日 09:30
作成2021年6月30日 09:30
閲覧数：2644

ツイート　いいね！　イイネ！

家賃	5.2万円
管理費等	2,000円
ジャンル	-
敷/礼	なし / なし
間取り/面積	3LDK 51.45㎡
階建	1階 / 2階建
築年数	築25年
地域	朝来市 - 和田山町林垣 JR山陰本線(園部〜豊岡) - 和田山駅
住所	兵庫県朝来市和田山町林垣

投稿者にメールで問い合わせ

※問い合わせは会員登録とログイン必須です

違反を報告　注意事項

投稿者	クレイブ 性別非公開 投稿：57

ジモティ限定の条件です！！

① 完全初期費用0円！
② 家賃　最大2か月無料
③ 保証人不要
④ DIY、高齢者、2人入居、外国人、生活保護等、なんでもご相談ください！

▲実際の賃貸募集ページ

書作成、契約締結の一連の流れを経験したことがあります。

実務を通じて経験値を積む上では非常にオススメです。ただ実はこの客付方法で手痛い失敗談も経験しているので、その詳細は後述の失敗談にて記載するのでぜひ確認してみてくださいね！

11. DIYを通じて工事単価を理解して、外部へ発注することの重要性

●投資初心者におすすめは、まずはDIYを経験してみること

私が実践していた方法なので、かなりおすすめです。

自己資金が潤沢な人以外にとって、投資初期段階は自己資金をいかに抑えて、物件購入を進めるかが非常に重要です。

その中で特にお勧めしたいのが、いきなりリフォーム業者へ修繕依頼をするのではなく、まず工事箇所を決め、その中で自分が施工できそうな部分は部材など自己調達して、工事を進めることです。

外壁塗装や屋上防水工事など足場が必要で危険が伴う場所などは除いて、室内のクロス張り替えや床の切り貼りなど、ホームセンターで部材を調達して、自身が施工で

きそうな箇所はまず、土日など時間を確保して、実際にＤＩＹ作業してみることをおすすめします。

その理由が「工事単価を理解できる」「外注化の必要性を判断できる」この２つになります。

１つ目の工事単価に関して、不動産投資を間もない頃は工務店が提示してくる見積書の内容が適正な金額かの判断も難しいです。その際に相見積もりを取って、工事相場の金額を出すことも有効ですが、同時に自分自身が部材を仕入れて、実際に施工した場合にどのくらいの費用感がかかるのかを予め把握できていると強いです。工務店も相手側がどの程度工事内容について知見や知識があるか足元を見てくる傾向があるので、その点はこの方法を実践することで回避しましょう。

２つ目は、「外注化の必要性を判断できる」です。

これは、外注すれば普通に考えて、自分で施工するより、価格は高くつきます。ただ価格が高くついたとしても、成果品の質が担保でき、また自分の時間をお金で買って、外部業者に施工してもらえるのであれば、安いと判断できるようになることが大切です。

私自身、4棟目までは自分で室内の軽微なリフォーム工事はやっていました。ハウスクリーニング、クロスの張り替え、キッチンクロスの交換など実践してきました。ただ元々不器用でセンスがないと自分で認識しているくらいなので、基本的には実体験を経て、外部業者へ依頼するようになりました。

最初から全てを外注化するのではなく、自分で経験をしてみて、その工数を鑑みて、この負担感であれば外注した方が割安or割高であると判断できるようになってから、外注する内容を判断できるようになることが重要です。

ぜひ工事単価を理解するために、まずはDIYで自分でリフォームできる箇所は積極的に手を動かしてみましょう！

●価格を抑えるためにはシルバー人材センターの活用も

不動産賃貸業に絡む各種工事やリフォーム時には、まず物件最寄りのシルバー人材センターにて仕事を発注できないかを検討しましょう。

理由はシンプルで何よりも単価が圧倒的に安い点が挙げられます。

シルバー人材センターの存在意義は、定年退職者等の能力の積極的な活用を促進することを目的としており、公益財団法人が運営している背景から、利益第一主義でないため、**民間企業と比べて圧倒的に安く仕事を依頼することができるのです。**

私も過去には実際に物件の残地物撤去、敷地内雑草の草刈り、畳の表替えなどを依頼したことがあり、工務店へ依頼する場合と比べても半額近く安くしてもらったこともあります。**ただ一点注意したいのが、シルバー人材センターの各支店によって対応できる仕事内容にバラツキがある点**が挙げられます。

実際のケースで、茨城県土浦市市にて一棟アパートを保有していた際に、畳の表替えを依頼した際に、当センターでは対応していないとの回答があり、実際に仕事を依頼できなかったことがありました。ただ同じタイミングで横須賀市のアパートにて同様の仕事内容を依頼したところ、横須賀市シルバー人材センターでは仕事を受けてもらうことができ、安く仕事を依頼できたこともありました。このように実際に仕事内容を依頼しないと、受注可能か不明なケースも多いため、この辺りは案件ベースで確認が必要になりそうです。

●親族や友人、知人に得意な方がいれば任せるのも有効

ＤＩＹについては向き不向きがあるので、投資初期段階は自分でやってみて、センスや工数の点で自分に合わないと思ったら、業者に任せる前にまず自分の周囲でＤＩＹが得意な人がいないか検討するものオススメです。

出来上がりのクオリティは多少落ちるものの、費用の点で業者が利益分として取る利幅とは異なる価格設定でお願いできる可能性が高いです。私の場合にも実際、地元である福島県内で収益戸建を購入した際に、母親がハウスクリーニングとＤＩＹが得意だったので、現地のホームセンターで部材を購入してもらい、工賃と交通費を支払う形で実際に仕事を依頼しました。

私としても工事費用を安くできますし、同時に親族に対して報酬を払うことでお金を親族内で循環させることができるのでオススメです。また親族や友人、知人であれば信頼関係も事前にできているため、過去に取引がない工務店へ依頼するよりも安心ができる点もメリットかと思います。

●DIYでは「100円均一」「IKEA」を活用しよう

3棟目の物件を運営するまでは物件の室内リフォームは主に自分でDIYをして少しでもリフォーム費用を節約していました。

そんなリフォーム時に活用していたのが、「100円均一」と「IKEA」です。

100円均一も色んな種類がありますが、個人的にはダイソーとセリアが商品のセンスが良くて、使っていました。

この2つのお店は、100円とは思えないようなクオリティの商品が多く、「ダイソーのフェイクウォールグリーン」と「セリアの壁面シェルフ」は重宝していました。

使い方次第でとてもセンスがある室内を作り込めるので、100円均一はDIYでは必ずチェックしましょうね！

▲ダイソーのフェイクウォールグリーン

▲セリアの壁面シェルフ

また「ＩＫＥＡ」は言わずと知れた、北欧センスが光る格安インテリアショップです。

ここでは、買う予定ではなかった商品まで購入してしまうから不思議です。

私もよく、ＩＫＥＡでは照明と鏡をかなり買って、自分の保有物件の室内に配置していました。

特に「シーリングスポットライト」と「クネクネミラー」は価格の割に非常にコストパフォーマンスが良いのでとてもおすすめです。

▲ IKEA のシーリングスポットライト

▲ IKEA のクネクネミラー

単身向けの部屋（20㎡未満）であれば予算3～5万程度かけるだけでも、客付に相当な効果が出ます。

まずは外注する前に、自分で費用と手間をかけてみて、費用対効果を早めに知るようにしましょうね！

12. 物件仕入れ時のおすすめサイトについて

●不動産投資専門業者ではない実需向け業者が狙い目⁉

不動産投資で有名なポータルサイトといえば、「楽待」「健美家」の2大サイトが有名ですよね。これらサイトは投資家向けに各種検索設計がされており、使い勝手は非常に良いです。

ただ欠点としては、投資家目線で作られているが故に、物件自体の価格の非対称性が弱い点が挙げられます。不動産投資で一番利益が出るのは「情報の非対称性」です。つまり売り手と買い手の情報差によって、差益が生まれ利益につながります。

その点で言えば、不動産投資専門ポータルサイトよりも、不動産全般に関して掲載されているサイトの方がお宝物件に巡り会える可能性が高まります。

具体的なサイトで言えば、「ａｔ ｈｏｍｅ」「ｈｏｍｅｓ不動産投資」「不動産ジャパン」などは個人的におすすめです。

これらサイトの良いところは、不動産投資物件に限定されず物件が掲載されており、また不動産投資専門業者が積極的に掲載しない点にあります。

この2つの要素が揃うと、投資専門のフィルタリングを通過していないため、市場価格と比べて旨みのある物件が出てくる可能性が高いです。

いかに市場相場を知らないルートを通じて物件情報が流れてきているかが価格の構成上大切なので、そこを意識して物件情報の仕入れ活動を行うようにしましょう。ちなみに私はこれらサイトを通じて、物件の40%を実際に仕入れして、売却益を出すことに成功しています。

●戸建ならこのサイト一択

1棟以外で私は中古戸建も今まで累計6棟ほど購入をしてきました。

戸建賃貸のメリットは、

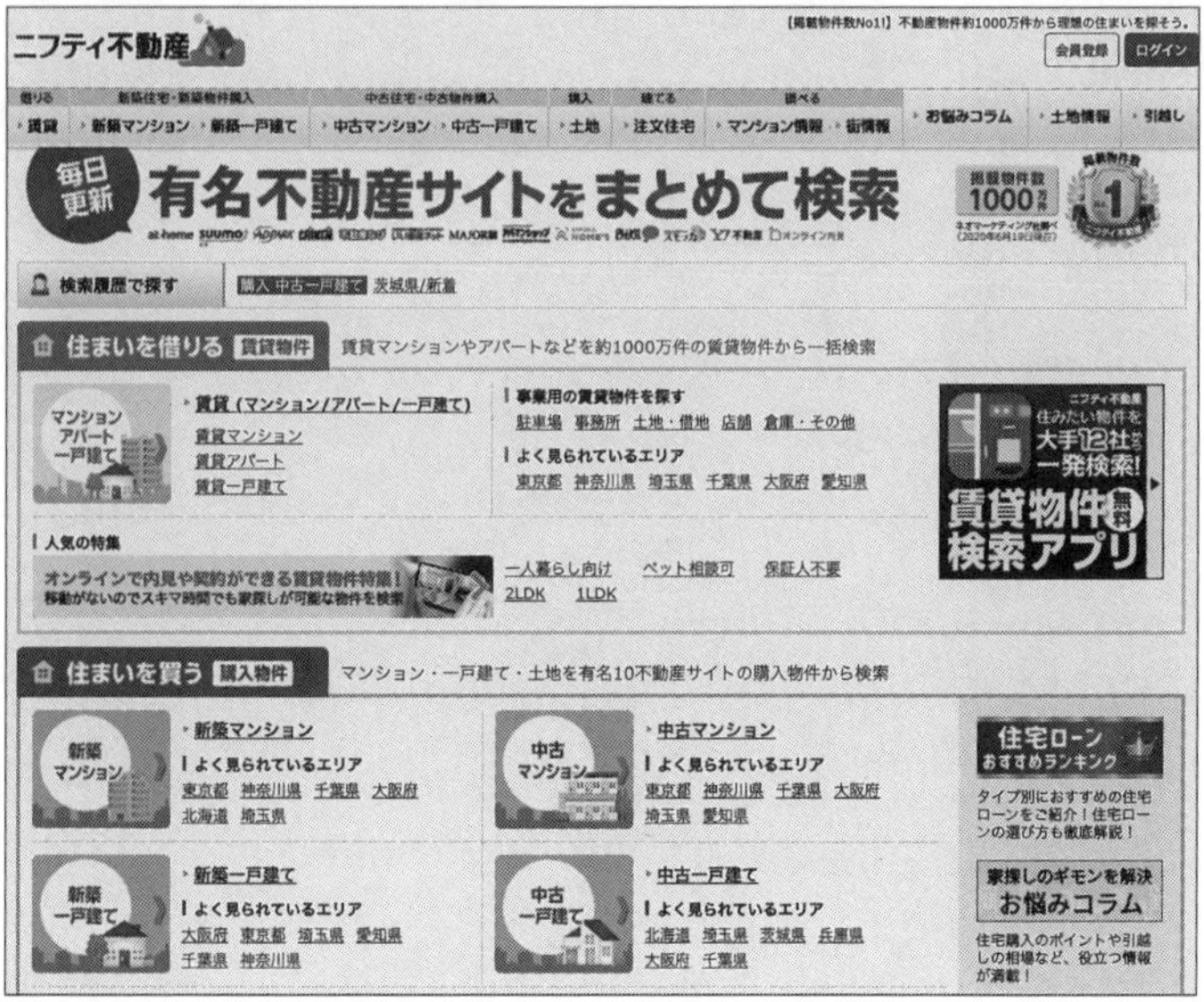

■「nifty 不動産」のトップページ

・入居期間が長期化する傾向あり
・土地が含まれるため、将来的に共同担保物件として利用が可能

この2つが挙げられます。

個人的には1棟×戸建投資は相性が良く、おすすめです。

そんな中古戸建について、ネット検索で探す際には、「nifty不動産」がとてもおすすめです！

■「土地検索」で「**古家あり**」もお宝物件あり！

「ｎｉｆｔｙ不動産」のいい部分は、有名ポータルサイトであるＳＵＵＭＯやａｔ ｈｏｍｅなど主要サイト掲載の物件をまとめて掲載している点にあります。

このサイトを見れば、他のサイトを都度確認せずに、網羅的に物件検索が可能な点が非常に強みです。

中古戸建てだけでなく、ぜひ土地情報も都度確認してください。

画面左側の検索時チェックボックスの「古家あり」をチェックすると、建物が敷地内に建っている中古戸建が出てきます。

他の投資家が戸建て情報しか見ないので、土地情報は結構お宝物件が眠っていることが多く、おすすめです。私もこのサイトを通じて、2軒の物件を購入しています。

実需向けの物件情報が掲載されているポータルサイトほどチャンスがあります。ぜひ中古戸建を今後取り組みたい方は覚えていてくださいね！

●地場業者の自社サイトは狙い目

投資専門ではない業者であることが物件を安く仕入れる際に優位に働く点を前述しましたが、それは地場の個人で経営している業者などで特に有効です。

個人経営の場合、そもそも実需向けの案件を取り扱うケースが割合として多く、収益不動産に熟知してないケースが多く、売主が相続や資産整理などで媒介を受けている場合に、市場相場の価格を無視して、市場へ売り出すケースがあるからです。

売主と仲介業者が不動産投資の視点がない場合に、買い側で契約内容をコントロールができます。

こちらが主導して契約を纏められる点でも割安に買う上で非常に優位と言えます。
まずご自宅や職場の近くで実際に店舗を見た事がある不動産業者を中心にサイト検索をしてみてください。

そのルートだと相続案件や相場を知らないエンドのお客が売りに出しているケースが多々あるので、チャンスが眠っているケースがあります。

また、地場業者であればあるほど、売主と深い関係性を持っていることも割合として多く、仲介業者が売買条件を上手くグリップしてくれるケースもあるため、その辺りはヒアリングをしながら上手く進めましょう。

13. まずは1棟購入してお金の流れを理解しよう

●不動産投資は物件を購入しなければ何も始まらない

私は今まで不動産投資コンサルティングの面談にて、累計500名以上の方と面談をしてきました。

その中で感じるのがいくら不動産投資の知識や情報を学んでも、最後の一歩を踏み出せず、購入できない人が80％以上占める点です。

物件をスコアリングする際に、100点満点の物件はありません。いかに自分の中で物件の合格点を設定して、それ以上の物件であれば**最終的に「えいやの気持ち」**で**購入へ向けて飛び込むことができるかが物件を実際に購入できる人とできない人の差です**。

また、実際に収益物件を購入するとお金の流れを見る事ができるので、物件概要書上は表面利回り12％だったけど、諸経費（ローン返済費、固定資産税、管理費等）を支払うと、実際の手残りはこのくらいなのだと理解する事ができます。

お金の流れを実際に見ると想像以上に不動産投資におけるリスクは少ない点も理解できるかと思います。

購入前の机上シミュレーションと実際の購入後のお金の流れでは学べる内容が大きく変わります。少なくても不動産投資を学び始めて、半年以内には一つ目の物件にチャレンジできるくらいのスピード感を持ちましょう！

●それでも一棟目が踏み出せないというあなたへ

気持ち的にはいつでも物件を購入したいけれど、やはり売買契約直前に多方面からリスクを考慮すると最後の一歩が踏み出せないって方結構多い印象です。

ただ、そこで考えて欲しい思考法が、「メリットとデメリットを天秤にかける方法」です。具体的に言うと、購入物件を購入した際のメリット・デメリットをそれぞれ箇条書きにして、その内容を天秤にかけて、メリットが上回っていれば、購入するとの決断方法がおすすめです。

この思考法のいいところは、長所と短所をそれぞれ比較検討して、客観的に判断が下せる事です。具体的に築古1棟アパートの例で言えば、

〈メリット〉
- 表面利回りが高い
- 土地評価が高く、BS的にもいい
- 近隣相場より安く貸せる

〈デメリット〉
- 将来的に大規模修繕費用がかかる
- 売る際に買主が使える銀行が限定的
- 入居者属性が低くなる傾向

これら、長所と短所を洗い出すことで、物件自体を俯瞰して見る事ができ、今回の物件であれば投資初期段階は、まず収益性に特化して、買い増しが必要なため、利回りが高く取れる中古一棟アパートは買いと判断ができ、GOサインを出す事ができます。

●大家仲間を増やして物件が購入できるマインドの維持を

物件を購入する前から、同じアンテナを持った仲間と関係を構築することは非常に大切です。なぜなら、会社や友人のコミュニティに普段属していると、現状維持バイアスがかかり、成長意欲が減退するからです。

私も公務員時代は、会社の同僚や同期との関係は最低限にして、社外の人間関係の構築ばかりしていました。

経営者やメガ大家さんなど自分が目指す理想像の方に普段から接触するように機会を増やし、実際に定期的な交流をしてきました。

またもう1つ別の観点で言えば、普段サラリーマンとして働いている人は会社のルールや職場の規則などを意識しすぎて、決断力がない人が多い印象です。不動産投資の場合、通常のビジネスと同じで日々決断の連続です。その環境下で常に戦っている人と連むことで、いい刺激を受け、自分も決断を下せるようになります。
私自身もそのおかげで、常に行動的なモチベーションを保つ事ができ、約3年半でアパート8棟、戸建3棟、区分1戸を一気に取得できたのだと思っています。
「周囲の仲のいい友人の5人の平均年収が自分の年収である」とよく言われますが、その通りだと思います。

ぜひ人間関係を含め、身の回りの環境へは十分な投資をしましょう。ちなみに私は毎朝カフェで1時間1人の時間を確保して、毎日のタスクと目標に対しての進捗管理をする癖付をしています。1日500円と仮定しても、1ヶ月で1・5万円ほどカフェ代がかかっていますが、これは環境への投資だと考え、習慣継続しています。

会社員を辞めてから、朝時間を確保するようにしてから実際に資産の拡大がスピードアップしているので朝の頭の回転が早い時間帯の確保が改めて重要だと気づきました。読者の方も自分が最も頭の冴える時間帯を把握して、その時間にはまとまった時間を確保して、1人会議する時間を作りましょう!

●物件購入のためにタスクをルーティーン化する

物件を継続的に購入できている人の特徴を挙げると、毎日決まった時間を継続して物件探しができている人です。

不動産投資で優良物件を購入するには、少なくても物件資料100件は確認したことがあり、その中で気になった物件5件を見に行き、その中から3件に買い付けを入れて、1件購入するくらいのイメージです。

そこで成果を出すために、最も大切なのが1番最初の検討する物件の母数を増やすことです。

優良物件を探すのは確率論も強く、100件見た人と1、000件見た人では、数の原理で母数が多い人の方が、検討できる案件数が多くなり、購入できた場合の物件の質も後者の方が間違いなく高いです。

逆に言えば、十分な物件数を検討せずに、手を出してしまうと、結局利益が出ない物件を高値で掴み、売却時に苦労するケースが予想されます。

だからこそ、物件を購入する、入口の部分で苦労を買ってでもすることで、売却時のリスクをヘッジする動きを取りましょう。

安く仕入れることさえできれば、あとはいくらでも購入後のリカバリーができます。ここは大切な部分なので、ぜひ覚えておきましょう。

14. 失敗数が成功への近道です

●成功談ばかり書いていますが、私も数々の失敗をしています

今のところ、成功談ばかり書いてきましたが、私も不動産投資を始めてから、数々の失敗を経て現在があります。ここまで読んで、成功ばかりで再現性がないなと不安になってしまった読者の皆さん、どうかご安心ください（笑）。

まず23歳から25歳にかけて、業者主催の不動産投資関連セミナーへ30件は行きました。ただ、セミナーへ参加しても全く物件を購入するに至りませんでした。それもそのはず、区分マンションでは私が目標とする毎月キャッシュフロー100万円を得るには、融資枠が全然足りず、またバランスシートの観点でも信用毀損が起こるため、買い増しが途中でストップしてしまうためでした。

それを知ってか知らずか、セミナーへ参加する＝不動産の購入へ繋がる動きと錯覚をして、通い続けていた苦い経験があります。

この失敗談から私が強く言えるのは、例え業者主催のセミナーに多く参加しても、

優良不動産の購入には結びつかないという点です。

もちろん業者の言いなりになって、勧められた物件を購入してしまえば、すぐに不動産オーナーになることは可能です。

ただ大半の業者主催のセミナーで売り出されている案件は、市場相場と比べても割高なケースが多く、単純に融資が付きやすい案件とのことで業者の提携ローン先での購入を勧められるのが通常です。

ただそれら物件の場合、収益を生むことも少なく、バランスシートで信用毀損も起こすことから、買うべき物件とは言いにくいです。

ですので、業者主催のセミナーではなく、不動産コンサルタントが業者とタイアップすることなく、セミナー自体で価値を提供する形の有料セミナーに参加して、実になる情報へ投資をすることを私の失敗談を踏まえてお薦めしたいです。

●短期間で物件の売り買いを連続してしまい、追加融資に影響が…

私の投資略歴で記載している通り、私は一時期、保有不動産を1つ残さず売り尽くしたことがあります。つまり手元の不動産を売却により、現金化をし、流動資産へと全て変えていたのです。

ただ、法人の決算書上にて単年度で売却を3件したことがあり、その実績を取引先である某銀行へ次の物件融資の相談時に報告をしたところ、数年間は今後融資ができないと言われたことがあります。

そもそも不動産賃貸業として、物件購入時に融資を利用する場合、今後中長期的に保有をすることを前提に各銀行も融資をしてくれているため、短期間での売却にはネガティブな評価がされるためです。もちろん、全ての銀行がそうゆう評価というわけではなく、しっかりと売却により利益確定をさせ、手元の流動資産が増えたことを評価してくれ、追加融資にポジティブに働くケースもあります。その辺りは、各銀行の融資審査上の方針も絡むために、銀行ごとの確認が必要です。

ただ私のケースで言えば、過去に三度ほど取引をしていた融資先が、上記理由により今後2期は融資ができないと言われ、売却が思わぬ形でマイナスに働くこともあるとのことを読者の皆様には情報共有します。

●自分で客付した入居者が家財を置きっぱなしにして夜逃げ…

1棟目に購入したさいたま市見沼区のアパートは自分で客付した入居者がいました。20代前半の鳶職の男性で、彼女と半同棲をしながら住みたいとのことで「ジモティー」を通じて、入居希望の連絡があり、やり取りをしていました。

入居して2ヶ月が経過した頃、家賃の入金期限日になっても入金が確認できなかったので、催促の連絡を何度かするも、繋がりません。最初の連絡から2週間ほど経過した、週末に直接訪問をして置き手紙を残すも連絡がないため、1週間経過して訪問しました。すると手紙がそのまま残っていたため、室内に合鍵で入ってみると。室内はベッドや家電製品などそのまま置き去りになった状態で、既に生活感が無い状態でした。連帯保証人である母親に連絡するも、息子とは最近連絡を取っていないので、わからないの一点張りで埒が明かず。結局、再度置き手紙を置いて「2週間以内に連絡がない場合には、室内の残置物を全て処分する」との最後通告をしましたが結局連絡がきませんでした。

結果的に私の自己負担で残置物を全て処分せざるを得なくなり、専門業者を呼んで15万円ほど費用として消えました。それ以外にも原状回復費用と清掃費用で合計15万円かかったので、合計30万円近くの損失がこの物件では出てしまいました。

連帯保証人の母親に、一連の費用負担を求めるも、最終的に連絡がつかなくなり、郵便にて通知を送りましたが回答がなく、結局泣き寝入りせざるを得ない結果となりました。

この失敗から、「自分で客付はやらずに管理会社もしくは客付業者を通じて行うこと」「保証会社の審査が通る人に限定すること」の2つを入居時のルールとして課すことにしました。家賃収入があっても、こういった入居トラブルが起きると、一瞬で収益分が吹っ飛ぶのでぜひ皆さんも私の経験を反面教師にして、入居トラブルのリスクを抑えるようにしましょう。

●物件売却による利益発生で散財してしまった

27歳の頃に初めて、物件の売却を通じて700万円ほどの利益を得ることができました。ただ当時の私にとって、現金で800万円はかなりの大金で、この調子で売却を積み重ねていければ、あっという間に現金1億円を築いて、サラリーマン退職が目指せると調子に乗ってしまった時期がありました。

その頃は、ちょうど旅行や高級外食にハマってしまっていた時期と重なったこともあり、毎晩数万円を一気に使ってしまうような浪費癖がありました。また有給を利用して、海外旅行へも2ヶ月に1回ほど行き、何不自由なく生活を送っていました。

ただ半年ほど経過して気付いた頃には、貯金からその売却益が200万円弱に減ってしまったのを見て、これでは目標とする20代での引退が遠のいてしまうと気付き、また再び節制をすることで、資金を着実に増やしていくことができました。

もちろん、日々の行動モチベーション維持のために、食事や娯楽にお金と時間を使うことも大切です。

ただ、不動産投資の場合には、1円でも多く手元資金があることで、銀行融資が受けやすくなるため、なるべく手元資金を温存して、自己資金が多い状況を維持することが大切です。

ぜひ、私の若気の至りを、反面教師にして、「投資」と「浪費」を意識しながら、お金を使う、20~30代を送ってください！

●ネットワークビジネスにも手を出して、手元資金50万円ほど失ってしまった

24歳の頃、不動産投資の自己資金を作るために、色んな副業セミナーや異業種交流会に参加していた時期がありました。

その頃は、まだ公務員の世界しか知らず、どこか世間知らずの部分があり、その影響でセミナー講師や参加者で過去の実績や肩書きのある人だと分かるとどこか信じやすく、騙されやすい性質が私にはありました。

それが理由で、とある異業種交流会に参加した際に、自称経営者の30代美人女性に紹介を受けて、お会いした人実業家の方が実はとあるネットワークビジネスのトップの方で、ビジネスの内容も理解しないままに傾倒してしまい、すぐに契約をしてしまいました。

結果的に3ヶ月ほどで、登録料や商品購入費用などの名目で50万円ほど支払いをし

ました。その後周囲の友人や知り合いに勧誘活動してみるも、結局一人も入ることなく、このビジネスは終了を迎えました。もちろん私自身、ネットワークビジネス自体をここで否定したいわけではなく、うまい投資話に安易に騙されないでくださいとお伝えをしたいです。

このネットワークビジネスも、もしかしたら私自身の営業力とトーク力があれば、もっと展開をして、自分の傘下にチームを持って、ビジネスとして展開できた可能性もあるかと思います。

ただ当時私はサラリーマンとして働く傍ら、勤務外の時間に不動産投資と並行して取り組んでいたため、十分な時間もなく、ビジネス内容の理解も乏しい状態からのスタートだったので、これが手を出すべきではなかった要因と今も思っています。

私の周囲の経営者仲間でも多いですが、少しお金を持ち始めると、周囲に投資話を持ってくる知人や仲間が増え始めます。そして本業や副業で忙しいのを理由に、それほど事業内容を理解することなく、投資を初めてしまう方が多く、それで失敗しているケースを多く聞きますので、ぜひ読者のあなたは、安易に投資話を信じることなく、自分の投資基準で取り組むに値するかどうか判断するようにしましょう。

●不動産投資が理由で当時の彼女と不仲に

まだ物件を保有してなかった、23歳の頃に今後不動産投資を展開して、事業規模を拡大して、サラリーマン引退を考えていると当時の彼女に伝えたところ、破局寸前まで行ったことがありました。

過去に私がコンサル面談で女性を相手にしたことも多くあり、その経験上女性は男性以上にリスクに対して敏感で、リスクを最小限に抑えられないと投資に直結する行動を取れない傾向があります。

当時の彼女も、今後私が数億円規模で負債を抱えながら、不動産賃貸業を進めていくことにかなりに懸念があったようで、借金＝悪で危ないとの認識があったことから、喧嘩に発展した経緯があります。

幸いにも、「金持ち父さん貧乏父さん」の書籍を読んでもらい、資本家としてお金を増やしていくやり方に理解をしてもらい事なきを得ましたが、この出来事がきっかけで将来のパートナー選びはとても大切だなと感じました。

普段周囲で不動産投資を始めるか迷っていて、結局始めることができない方に多いのは、配偶者による反対です。

それが理由で、不動産投資に着手できないのは機会損失の観点でも非常に勿体ないです。その場合には、前述した本による教育やセミナーへ一緒に参加をして、少しずつ投資自体の概要を理解してもらうことが大切です。

不動産投資の場合、銀行からの融資条件で配偶者の連帯保証を求めらるケースも多く、予め同意がないとスタートを切れない場合も多々あります。

まず結婚してパートナーがいる方は、不動産投資の第一歩目としてパートナーと共通の将来の目標設計をして、そこへ向けた同意をもらうことを先決としましょう。

SECTION-4
〈拡張編〉

15. 仲間を増やすために、20代で大家の会を運営してみた

●「20代サラリーマン大家の会」の運営を通じて仲間を増やした

24歳の頃に当時某有名大家の会で知り合った仲間たちのおかげで、私自身刺激を受けたのと同時に、同年代に負けてられないとの想いから、一気に物件の買い増しができました。

実はその仲間達と25歳の頃から数年ほど、大家の会を運営する機会がありました。

きっかけは、私含めて6名いたメンバーがみなサラリーマン大家として当時経営をする中で、**将来的に不動産投資をきっかけにサラリーマン引退を若い世代ができる環境を作りたいとの想いから立ち上げに至りました。**

この大家の会は3年半活動しましたが、最大で会員数１００名を超える規模まで拡大することができ、毎月関係イベントを開催し、人脈と情報を手に入れることができました。特に印象に残っているイベントは、50名を超える規模で開催したＢＢＱと不

動産投資を学ぶ1泊2日の合宿です。

会員の多くは、20～30代の若い方で、今はサラリーマンの傍ら不動産投資に励んでいるけれど、今後物件規模を拡大したら自分のやりたい事業にフルコミットしたいというポジティブな方が多かったです。

●運営メンバーとして不動産賃貸業で成果を出す事にコミットできた

6名で大家の会を運営していたため、売上を分配しても手残りがほぼ無いため、実質無償での運営でした。

ただ、それでも3年以上継続して取り組めたのは、自分達が会の運営側として引っ張る以上、会員以上に成果を出していないと説得力がないという気持ちでした。偉そうに不動産投資の知識や実績を語っても、それが会員達と比べて程度が低かったら恥ずかしいとの思いを強く持つことで、会を運営する前よりも、物件の買い増しスピードを上げて取り組むことができました。大家の会の運営は毎月のイベント企画、運営など大変なことも多く時間が取られました。

ただそれ以上に毎月の定例イベントで新規に取得した物件の話ができるようにとモチベーションを上げることで、会員以上に運営側である私含めメンバーがいい刺激を受けることができました。

結果的に6名のうち、私を含めて5名が会社員を辞めて、現在では自分で経営や事業を行うなど多方面で活躍しています。

●会員から感謝されることが一番のやりがい

自分達が会員から刺激を受けるのと同時に、運営のやり甲斐が、会員が私たちのレクチャーした内容を実践して、実際に物件購入へ至り、感謝を伝えられた時でした。

不動産投資は非常に狭いマーケットで、同じ大家の会のメンバーで物件が取り合いになることもあります。

その際に競合に負けないためには、知識と情報量を元に決断スピードを上げることです。そのためには日々物件を見て、査定する力を養う必要があります。

そのノウハウを主に大家の会の定期イベントでは勉強会として開催をして、会員へ現場の知識も含めて、教えていました。そこで学んだ事を実際に実践して、物件購入につながり、イベントの際に直接感謝の意を伝えてもらえることは運営メンバーとしては非常にやり甲斐でしたし、自分のことのように嬉しかった思い出です。

●圧倒的な成果を出していた会員とはどんな特徴か

大家の会を運営する中で、会う度に物件を買い増しできている人と全く物件を買えない人には違いがあるなと感じたので、本章はその部分についてお伝えをします。

まず買えている人の特徴は、以下の3つに当てはまっていました。

- 教えられた事をすぐに実践に移す
- 行動量が圧倒的に多い
- まず取り組みできる物件で始める

1つ目の「教えられたことをすぐに実践に移す」はとても大切です。

不動産投資も融資市況があり、日々融資条件も変わります。その中で現状自分の属性を踏まえた時に最適な銀行で、買える物件を仕留めることが重要になります。

買えている会員はみんなそれを理解していて、銀行から逆算して物件を選び、どんどん銀行へ打診をして、買付が通った順番で物件を購入していくという一連の流れに乗っていました。変に立ち止まって考えるよりも、こうやって日々動き続ける中で正解を探すことは物件購入にはとても有効です。

2つ目の「行動量が圧倒的に多い」について、これも買えている大家さんに共通しています。

物件検索、資料請求、業者訪問、銀行打診を毎日継続的に取り組んでいることで、いつチャンスが来ても見逃さない環境を作ることができます。

成功している人は常に行動して動くことで、準備ができていて、優良物件を逃さない人が多いです。

３つ目の「取り組みが可能な物件で始める」について、これは物件の購入基準が適正との意味があります。

不動産投資で１００点満点の物件に巡り会うのは、奇跡に近いです。どちらかと言えば、**癖がある物件をその癖を理由に安く指値をして仕入れ、付加価値を付けて、高く売却するのが理想の運用方法です**。その観点で言えば、合格点を与えられる、主に60点以上の物件であれば、融資条件が整えば、すぐにでも購入して１日でもスタートを早く切ったほうが合理的です。

物件検討に時間を要して、結局買えずに1年間経過するくらいなら、60点の物件でスタートを切って、１年間運営すれば、家賃収入で投資資金を回収しながら、残債も減らすことができます。

そうやって賃貸実績を作っていくことで、銀行の事業評価も上がり、融資が引きやすくなり、最終的に物件の継続的な購入に繋がります。

大家の会を運営することで、取得サポートや交流を通じて、買える人には特徴があったので今回は代表的な3つの要素をまとめてみました。

16. 不動産業者の営業マンとの効果的な付き合い方

●優先的に物件紹介を受けるためには

営業マンも普通の人間です。

そう考えると、自分が好意を持つ人に対して、いい案件は紹介したいと心理的に働くのが普通です。それに基づくと、以下のような特徴を持ち合わせた顧客に対しては、積極的に案件を紹介してくれる傾向があります！

私及び、過去にコンサルをしたことのあるコンサル生で優良情報をもらって、物件を購入している人の実例なので、ぜひ参考にしてください。

①紹介した案件に対してのレスポンスが早い
②やらない場合の理由が明確
③融資枠がある（＝具体的な融資想定先がある）

1つ目の、「レスポンスの早さ」はどのビジネスでも大切です。

今の時代、丁寧に時間をかけて100点の回答をするよりも、60点でもいいのですぐにレスをする人の方が相手からの印象がよく、仕事ができる人と評価される傾向があります。おそらく一度、営業マンと面談をすれば、後日個別に案件の紹介をもらえることがあるでしょう。その際に取り組むor取り組まない場合どちらであっても、即レスする癖付をしましょう。

仮に断る場合でも明確な理由とセットで返答をすれば、担当営業マンも不快に思うことがなく、逆に次回提案時にはその断った理由を満たす物件を紹介してくれる確率が上がります。

即レスに関しては完全に癖づけなので、メールもしくはLINEを開封したら、すぐに返信する癖をつけることを推奨します。

2つ目の、「やらない理由が明確であること」も大切な考え方です。

不動産営業マンがせっかくあなたの希望条件に合った物件を紹介してくれたのに、

それを無碍にして、明確な理由もなく断ると永遠に物件を紹介してもらえなくなります。仮に条件にそぐわない物件であっても、まずは個別に紹介をしてくれたことに感謝を示して、「今回は●●の点が希望条件の■■と比べると数字が合わないために、見送りさせていただく。」としっかりと完結に回答をするようにしましょう。

また、おすすめの回答法は、**なるべくどんな物件であっても、検討土台に乗せるようにし、「現在の売買価格△△△万円だと検討難しいが、○○○○万円まで指値が効けば買付を出したい。」と前向きな回答を心掛けましょう。**

この方法の良いところが、自分自身もよほどの欠陥のある物件でない限り、購入検討するために、物件の適正価格の査定の目線が勉強になる点です。

どんな商品やサービスも否定的に断るのは簡単です。ただ成功者は否定から入るのではなく、この商品やサービスがどんな状態になったら、検討に値するかを常に考えます。この思考の癖づけが成功できる大家とそうではない大家の違いになります。

ぜひ意識して、購入の際には検討するようにしてください。

３つ目の、「融資枠がある点をアピールして、紹介件数を増やす」やり方についてです。

不動産営業マンも最低で数百人、顧客数が多い業者の場合、最大で数千人単位の顧客を担当しています。私自身も不動産投資会社にてコンサル、仲介業務を行っていた際には、約５００人の顧客を担当していました。

その顧客に対して、新着案件を紹介する際に、優先をして紹介していたのが、以下の順番でした。

①キャッシュが豊富で、現金購入が可能な顧客
②属性（勤務先、年収、金融資産）が良く、融資枠がある顧客
③属性がそれほど高くなく、融資枠が確実とは言えない顧客

不動産の営業マンは数ある顧客の中で、優先して紹介するのはラクに決めることができる顧客です。逆に言えば、せっかく案件紹介をしても、買えない顧客へ紹介をしても、口数が無駄になるため、段々と紹介をしなくなる傾向があります。なのであなたが営業マンから優先して案件紹介を受けたければ、属性情報はなるべく事前に開示

をして、融資枠がしっかりとあることをアピールしましょう。

この3つの要素がある顧客に対して、営業マンは非常に熱心に案件を紹介してくれる傾向があります。

不動産投資を始めて間もない頃は、読者の皆さんも数十人の営業マンと面談をすると思います。そこから実際に紹介をもらう場合には、ぜひ上記3つの特徴を意識して、継続して優良案件をもらえる状態を作っていきましょう。

●紹介を受けた際には必ずお礼をしよう

物件成約時には仲介手数料を支払うので、それが紹介の対価だという人が多いと思います。ただし、その担当者が有能でかつ今後も取引への期待可能性があるようなら、明確にお礼をすることをおすすめします。

この際のお礼の方法としては、

・現金
・金券（百貨店、図書カードなど）
・営業マンの家族への贈り物（ディズニーチケットやおもちゃギフトカードなど）

相手の勤め先によって、個人的な報酬は禁止の会社もあるので、その辺りは営業マンと内見時で2人きりの空間などで、ヒアリングをして、相手に迷惑のかからない形でお礼をしましょう。

私も実際にお子さんがいる営業マンに、家族の人数分のディズニーチケットを過去に何度か送った事がありますが、非常に感謝されました。特にご家族向けに贈り物をすると、心理学的にも記憶に残り、長期的な投資の観点でも有効な印象があります。

先行投資をすれば、後々になって十分な果実を手に入れられるいい例ですね。

●大雑把さも関係構築には大切

不動産は最低でも数百万円単位のロッドからの高い買い物のため、購入時に気になる点も他の商品と比べても多いかと存じます。

ただそうは言っても、**購入時にあまりに細かい事を言う客は不動産業者から言わせれば、面倒臭い顧客（＝手間がかかる顧客）と見られてしまうリスクがあります。**

手間がかかる顧客にあえて、優良物件を紹介して、時間を取られるくらいなら、手間がかからない顧客に案件を紹介してスムーズに商談を進めた方がラクって思うのが普通です。そう考えると、物件の重要な箇所に関しては、チェックをしても、細かい部分には目を瞑って、購入後に気になる箇所は直すといった意識づけが有効です。

不動産営業マンも人です。どういう付き合い方をすると彼らもラクに仕事ができるかを配慮してあげると紹介される頻度も高まってくるのでおすすめです。

●とにかくスピードで営業マンに応えよう！

冒頭で関係構築にはスピードが重要と伝えましたが、これは優良物件であればあるほど重要です。

私が不動産投資会社にて実際に仲介や再販案件などを実務で体験し、その際に顧客向けに紹介する際もメーリングリストやLINE公式アカウントなど一斉送信の形式で送ることが多かったので、配信後のレスが早い人を優先して買い手としてまとめていました。

その経験から物件紹介後にいかに初動を早くし、実際に購入検討する際には買付の提出&現地内見をセットで入れ込めるか次第で顧客の優先順位が決まることを知りました。

優良物件であればあるほど数十件単位で反響があるので、その際にちまちま細かな質問をする客は嫌がられるので、ポイントを絞って的確な質問を投げることが大切です。

必要不可欠な質問であれば、担当者も理解をしてくれるのでその辺りのさじ加減は実際に経験して身に付けましょう。

取り組む場合も、見送る場合も担当者への回答スピードを最大限高めましょう。

営業マンは一貫してレスの早い買主を好みます。

17．管理会社のパフォーマンスを最大限上げる方法

●管理会社と最強のチームを構築するためには

不動産購入後の管理会社との関係性は非常に大切です。いくら市場相場よりも安く物件を仕入れることができても、その物件が空室続きでは、キャッシュフローが残りませんし、次の物件購入時の融資にもマイナスの影響が出てしまうため、購入後遅くても半年以内には満室賃貸へ持っていくことが非常に重要です。

その上で、**管理会社が常に先導を切って、満室化へ向けて動いてくれるチームとして整備するのが理想です。**

そのためには管理会社が常に自主的に客付に動いてくれる状態を作り出すのがあなたの仕事になります。

私の場合には具体的に以下の3つの方法を使い、管理会社が主体的に業務に励めるようにサポートをしています。

- 予算を与え、その中で担当者の裁量にて業務を進めさせる
- 客付けに時はお礼と称賛を
- 客付けルートは多種多様に

1つ目の「予算を与えて、相手に裁量を与えるやり方」は、客付時に支払う仲介手数料と広告宣伝費の合算額を予め担当者に予算として使い方の裁量を任せる方法です。このメリットは、例えば家賃の2ヶ月分を客付け会社に与えた場合、入居者が入居月の賃料の減額を交渉した場合や仲介手数料0を望んだ場合に、客付け業者がそこに予算を突っ込むことで、成約確度が上がります。

相手を信頼して予算を与えることで、担当者の動きを活発化することもでき、経験上このやり方は効果も高くおすすめです。

2つ目の「客付け時にはお礼と称賛を」の具体的な内容ですが、管理会社は基本的にオーナーと入居者からトラブルや苦情の際に連絡をもらうケースが多く、感謝される経験が少ない印象が強いです。なので、逆に客付けが決まった際などにはオーナー

からオーバーと思われるくらいの感謝の意を伝えることがおすすめです。

空室が埋まる度に、手土産持参で直接店舗を訪問し、担当者及び店長へ感謝の意を伝えると大変に喜ばれますし、店舗スタッフの印象に残り、その後の客付け時にも優位に働きます。ぜひ、騙されたと思ってこれは一度実践がおすすめです。


3つめの「客付ルートは多種多様に」ですが、これは読んで字のごとく、客付時の募集方法を管理会社のみに限定せずに、現地の各不動産業者に客付してもらう方法です。この方法を使うことで、管理会社が自社客付に固執せずに、多方面に賃貸付を動いてくれるので、いろんなルートでの客付が期待できます。一般的に客付ルートが多い方が、賃貸希望者の目に触れる機会が増え、顧客の母数が増えます。

顧客の母数が多い方が、賃貸付の観点では早期に決まる可能性が高まります。

●物件情報を多方面に拡散してもらうこと

不動産の賃貸付の際、管理会社によっては自社で客付をして大家と賃借人両方から仲介手数料をもらいたいと言ってくる場合があります。ただ私の経験上、賃貸付時に客付ルートを制限してくる管理会社はあまりおすすめできません。

どちらかといえば、時代のトレンド的にも管理と賃貸は切り離して考えてくれ、あくまで管理会社として管理料で稼ぐ形態の管理会社の方が客付を早期で決める観点では正解だと思います。

管理料を1円でも増やすためには、自社での客付にこだわらず、物件周辺の不動産業者へ賃貸付を依頼し、賃貸付の間口を広める方が賃貸付けの確度が上がるからです。なので、管理会社を依頼する際のヒアリング時に、管理物件の自社客付と他社客付の割合を聞くのが良いでしょう。そこであまりに自社客付の割合が大きい場合には、客付ルートをどう設定して、実際に賃貸募集活動を展開している事例が多いかヒアリングして、客付を自社で囲い込んでいる場合には、その管理会社は極力管理依頼をするはやめた方がいいです。

管理会社の目的意識として、「同業他社を巻き込みながら、管理受託物件の満室化を維持する」という共通認識を持つ管理会社に仕事を依頼するようにしましょう。

18. 売却価格を市場相場よりも高くする方法

●情報の非対称性を利用して高値で出口を描く方法

不動産投資は情報戦の要素が非常に強く、購入時及び売却時はどちらも事前情報が鍵を握ります。

いかに自分にとって有益な情報を手に入れ、その情報を駆使して、交渉相手と妥結ポイントを探るかがポイントになります。

購入時及び売却時について具体的な例を以下にて列挙します。

〈購入時〉

- 土地＋建物を合算した積算価格を根拠に指値
- 物件の大規模修繕、室内リフォームの想定費用を根拠に指値
- 銀行の事前打診の融資枠をもとに大幅指値

〈売却時〉
- 満室賃貸中を理由に市場の相場利回りよりも高く売る
- 近隣土地の実勢価格をもとに積算価格よりも高く売る
- 残債を理由に市場相場よりも高い価格で売る

このように立場が変われば それに応じて交渉時の材料も変わるので、その交渉材料をいかに利用して相手に対して自身が優位な条件にて取り纏めができるかが大切になります。

私の例で言えば、茨城県つくば市に購入した2棟一括アパートが、当初ネットにて3、400万円にて売りに出ていたものを、土地の積算価格及び将来の建物部分の大規模修繕を根拠に2、200万円まで指値をして、実際にその価格で取り纏めた経験があります。その物件は最終的に保有期間2年ほどで売却をし、家賃収入と売却益で計1、300万程の利益をもたらしてくれました。

この例からもいかに仕入れ時に拘って、物件を安く買うか次第で出口を描く際の利益に直結してくるかがわかります。

物件検討時は買い側・売り側を問わず、徹底的にヒアリングをして交渉材料を見つけるようにしましょう。その材料が最終的にあなたに売却益として大きな利益をもたらす可能性があります。

検討時のスピード感はもちろん大切ですが、それ以上に相場よりも安く仕入れるｏｒ売るのフローがとても大切なので、仲介業者の担当者を上手に味方につけて、早い段階から自分に有利となる物件情報ｏｒ属性情報を掴むようにしましょう。

●継続した満室経営が一番高値売却に直結する

最近の各金融機関の動向を見ると、中古物件の場合、空室率が高い物件の場合、不動産賃貸業の実績がある大家でないと融資自体取り扱いしないケースが以前よりも増えています。

銀行打診時にレントロールにて描く想定満室賃料が実際には、空室が全然埋まらずに、想定と食い違うケースが増えている背景が関係している気がします。ただこれを逆張りで捉えると、自身が購入した物件を常に満室稼働しておけば、銀行側が満室稼働を理由に、将来的な賃貸需要をプラス見るため、次の買主が融資を利用して購入する際に非常に取り組みやすくなります。

また満室の場合、賃貸中の室内の内見ができないため、買主側で物件の指値根拠を探せない点も関係しています。これも情報の非対称性と関連している点で、内見ができないため、買主側が物件の外観と共用部のみを現地確認して、買付を出さないといけない点で、情報戦で言えば立場が弱い点も起因しています。

この情報非対称性を常に意識して、交渉に臨めればあなたに有利な条件にて交渉をまとめられる可能性が上がるので非常におすすめです！

●購入者の不動産投資歴を見ること

原則として、不動産投資は経験値があればあるほど、交渉が有利になります。理由は単純で、それだけ場数を踏んでいれば、物件を総合的に見ることができ、より客観的に物件のスコアリングができるため、そこから物件の最適価格を割り出すことができるからです。そのため不動産投資を始めて、どの位の歴があるかをあなたが売主の場合でしたら、買付が入ったタイミングから、検討する必要があります。というのも、買付証明書にはたくさんの確認すべき事項があります。

- 買主名義が個人名ｏｒ一般法人ｏｒ資産管理法人ｏｒ宅建業者か
- 指値の根拠が明確か
- 物件資料送付から内見、買付までのスピード感があるか
- 具体的にどの銀行にて融資を受けて購入する予定か
- 購入後の管理業者など、視野を広くして検討できているか

この辺りの項目を確認し、相手の不動産投資歴を探ります。

投資経験が浅い場合、想定銀行の融資枠さえしっかりと確保がされていれば、こちら側で描く妥結価格へ仲介業者の担当者を通じて、導くことも可能です。

この辺りは実際に複数棟物件を買い増しができた際に、経験できる部分なので早くそのステージへ到達して、有利な交渉ができるくらいのレベルまで物件規模を拡大しましょうね！

●区分マンションは取引事例があるため、価格の乖離が起きにくい

私は相当割安でない限り、区分マンションに手を出すのはお勧めしていません。積算評価の観点で土地が無く、建物部分のため、バランスシートが悪くなるのが1番の理由ですが、それ以外にも価格の歪みが発生しづらい点が理由としてあります。

区分マンションは小さい規模でも全体で30部屋くらいのマンションの1部屋を購入する投資法です。同じ建物内で間取りが近いケースが多く、その場合過去の取引事例などをもとに大体の価格相場が形成されてしまっています。

そのため自分が保有して、売却する際に仲介業者を通じて同じ建物内の取引事例を根拠に売り出し価格の提案を受けるため、価格の非対称性を突くことができず、相場

価格内での取引になるため、大きな売却益を狙うことができないため、あまりお勧めできない背景があります。

ただ、稀に同じマンションでも、実需向けの部屋が多いため、賃貸でそれほど新規募集が出ない物件の場合、取引事例の価格帯が実需向けの価格帯のため、投資目線で見ると、割高に価格設定されているケースがあり、その場合売却を目指す際には相場よりも高く売却ができる可能性があります。

これも実需と投資系物件で比べた際の、一種の歪みの手法なので、ぜひそこを突ける際にはおすすめです。

まず区分マンションを売却に出す際には、部屋が空室の場合には実需向けのターゲットで売ることができる物件か否かを検討するのが高値で売却する際にはポイントです。不動産業者を通じて、ＲＥＩＮＳにて同じ建物の直近5年程度の売却実績の確認をしてもらい、そこで実需価格で取引がある場合には、まず実需向け価格で売り出しをし、反響が悪ければ、途中から投資向けの価格に切り替えをしましょう。

19. 売却はいつのタイミングが最適か

●私が18件の物件を売却して分かった、最適な売却時期とは

不動産投資家の多くがいつ売却をすべきという疑問を持っているケースが多いです。

個人名義で買った方は特に短期譲渡税の関係で保有から5年未満の売却の場合、売却益の約39％もの税金を持っていかれてしまうため、5年保有してから売却するのが理想との話もよく聞きます。

法人の場合は保有期間に関わらず、基本的に税率は同じです。

この前提を元に個人的な売却時期の見解をお伝えします。

私の場合、**個人名義、法人名義を問わず適正な売却時期は、「売れる時」が最適な売却時期だと考えます**。つまり、購入した価格よりも高く売れる場合には、購入した翌日に売却をしても極論良いと考えています。購入から最短で3ヶ月半で売却したアパー

トの事例があります。

この物件の詳細は明かすことができませんが、北関東エリアの一棟アパートを800万円で仕入れたものを1､300万円で売却をしました。

当初、大規模修繕をし、満室稼働にしてから高値で売却を目指した案件でした。ただ実際に運営してみると、想像以上に建物状態が悪く、当初のリフォーム費用よりも上振れすることがわかり、そこで長期保有から短期保有の方向性にチェンジしました。そのため、登記上の所有権移転登記が完了したタイミングと同時に仲介業者へ売却を依頼し、すぐにネット掲載にて販売をスタートしました。この物件は幸い、現金で購入した物件だったため、借入先への売却に伴うペナルティなども無かったので、その点も売却活動へ向けてプラスになりました。

最終的に仲介手数料、移転費用、火災保険等差し引きをしても300万円弱ほどの利益を3ヶ月半で出すことができました。

この物件は法人名義のため、売却時の税金は一律ですが、私の場合過去に個人名義で買った物件も5年未満の短期譲渡税を払って売却をしています。

税金の大小よりも、売れる時に売るスタンスを貫いて、現在までの1億円の流動資産を作ることができました。

不動産の価格は常に安定しているとは限りませんし、買主が利用する金融機関の融資条件も普遍ではないので、買主側の融資が使えるタイミングで利益確定して、手元の流動資産を積み重ねる方法は有効ですし、おすすめです。

●売却の媒介はいつ依頼するのがベストか

これもマイルールですが、私の場合登記上の所有権移転登記が完了した翌日には、**仲介業者数社に売却の依頼をかける事にしています。**

理由は売却に出すだけなら、お金をかける事なく無料でできるからです。

売却時は成約になり、売買契約を締結しない限り、仲介手数料は発生しません。

なので、一旦市場に情報を流して、現時点での価格の相場を把握することが利益を出すための売却では大切です。

初めは、残債を意識した上で、自分の言い値で市場に出してみるのもありです。

その上で仮に反響が全然なければ、現時点でこの価格では買い手がいないことがわかります。その場合、値下げして再度流すもしくは、一旦物件情報の掲載を落としてもらい、再度値付けが決まったタイミングで売りに出すのも手です。

ただ融資を受けて物件の購入をしている場合には注意が必要です。

借入先の銀行がネットに掲載された物件情報を見て、売却の動きを察知されると、売却を止める動きがある可能性があるからです。

そのため借入して間もない場合は銀行の融資担当者にできる限り、売却活動前に売却の可能性を示唆して反応を見るのが良いでしょう。

そこで仮に売却をしてしまうと、追加融資が数年難しくなると言われた場合には、いつ頃になれば売却を進めても問題がないかを確認して、その日程感で売却活動を進めるようにしましょう。

ただ銀行は一般的に5年未満での短期保有を嫌がるため、ご自身が今売り相場だと思った際には、銀行へ売却の旨は伝えずに一旦売却活動を進めてみましょう。

そこで具体的な買付が入り、買主の融資先の承認が出たタイミングで「実は売りに出していた物件が売れそう」と後出しで伝えた方がまとまるからです。

20. 買取再販事業で学んだ買うべき物件と買ってはいけない物件とは

●融資が付かない物件はリスクが高い

私は脱サラ後、知り合いの不動産投資家が経営する不動産業者にて実際に仲介業部及び再販事業を経験してきました。そこで年間を通じて約50件の物件の売却に携わりましたが、その中で特に再販事業部にて実務を通じて学ぶことが多く、この内容は不動産投資にて物件を購入する際にも通じる非常に重要な内容なので今回お伝えします。

買取再販とは、主に3つの形態があります。

- 中間省略登記：登記名義人から買主へ直接所有権移転登記が移る方法
- 連件：登記名義人から一度所有権を移転し、同日に買主へ移転する方法
- 自社保有：登記名義人から直接引き受け、一定期間保有後に買主へ売却する方法

特に1つ目の中間省略登記にて取引を行うのが、宅建業者としては買主を決めた上で仕入れを行うため、リスクが低く、各業者とも一番最優先に狙う取引になります。

実際に私も主に一棟アパート、戸建にて中間省略登記にて案件を決めてきましたが、これら物件の仕入れ時に特に大切なのが、買主側の銀行にて融資が可能かまた融資条件がどこまで伸びるかの出口を固めて仕入れる方法です。

不動産は戸建の場合、最低でも数百万円単位、一棟の場合でしたら最低でも数千万円単位の仕入れ原価がかかります。

財務規模の大きな一部の不動産業者を除いては、仕入れをして半年~1年売れないと在庫を抱えて、毎月の支払いが滞り、倒産に至ってしまうケースも可能性としてあり得ます。

それを防ぐためにも、出口を固めて（=買主の融資枠を確保）仕入れる重要性について実務を通じて学ぶことができました。

●万が一、買い手の融資が付かない場合に、現金で手を出せる価格帯か

実際に購入した物件に対して、想定に比べて融資が伸びないｏｒ融資対象外となってしまう場合が稀にあります。銀行の融資基準も3ヶ月に1度改訂されるため、当初融資エリアだった物件が、急に融資対象外エリアになることも多々あります。

そうなった際に大切になるのが、買主が一般個人の場合でも現金で取り組み可能な価格帯かという点です。私が実際に携わった取引や自己保有物件を売却する際の実体験から感じるに、物件価格3、000万円が一つの基準となりそうです。それを超える価格帯だと、現金で取り組めるのは一部の法人または宅建業者などに限定されてしまうため、それら業者は価格にシビアなため、希望の想定価格で売ることができず、結局苦しい投資となる可能性が高いからです。

それを回避する方法としては、売却想定価格3、000万円以上の案件には投資初期

段階で手を出さないことです。

物件規模が拡大し手元資金が5、000万円を超えてきた際には、一棟RCなど物件価格が1億円を超える価格帯にチャレンジしても問題ないですが。

それ以下の規模で不動産投資を始める場合には、この仕入れ価格のルールは是非徹底してください。そうすることによって購入後に、賃貸付が思うように進まなかった際に、最悪売却する場合でも、現金で買ってもらえる顧客がいるのが一番のリスクヘッジになります。

●建物主要部分に欠陥のある物件

建物の基礎部分、地盤、屋根、白アリ、雨漏り等は主に不動産投資を検討する物件で購入時に気をつけて確認すべき箇所になります。

物件を仕入れる際の基本戦略として、物件の瑕疵がある部分を根拠に、指値をして安く購入するとの考え方があります。ただそれは、あくまで物件に修繕を施して、物件が賃貸付できる状態になることを言います。そのため、あまりに建物状態が悪く、300万円以上の修繕費用を負担しても、瑕疵部分が直るか不透明な場合には手を出すべきではありません。

私も過去の経験で、購入後の大規模修繕が必要な案件に何度も遭遇し、実際に内見をしたことがあります。ただそうゆう物件は内見時に工務店を同行させると、決まってこの物件は数百万円投下してまで手を出す物件ではないと言われ、思い留まったことが多くあります。

そんな物件はやはり前述の建物基礎部分に瑕疵があって、完全に修繕で直すのが困難な案件ばかりでした。

不動産のプロである買取再販業者でさえ、手を出すのを躊躇している案件に不動産投資初心者であるあなたがあえて手を出すのは非常にリスクが高いです。

元々付き合いがあり、信頼のおける工務店を抱えている場合などでない限りは、無理に手を出すのはやめましょう。

●空室期間が3年以上の物件には手を出すな

私の経験上、**直近入居者がいた期間から3年以上経過している物件**には手を出さないようにして言います。それは室内の設備や配管が既に使えなくなっているケースが多く、室内も換気がされていないことで湿気が溜まり、独特の雰囲気を持っているからです。

ただ例外はあり、前回入居から3年以上空いている場合でも、所有者が定期的に物件へ通い、室内清掃や建物のメンテナンスをしていた場合は別です。そうゆう物件は内見に行った際にすぐわかります。

各部屋の電気が切れていない、水回りが清潔、室内の匂いが無臭であるなど、定期的にメンテナンスがされている部屋はこれら特徴があります。

また仲介業者の担当者を通じて、**検討物件が直近いつ頃から空室であるか**は必ず確認するようにしましょう！　長期間空いていた部屋は、購入後も原状回復で賃貸を募集できる状態に持っていくまで時間と労力がかかります。

●売り急いでいない案件は深追いしないこと

不動産投資の購入判断の場面では感情ではなく、数字に基づいた客観的な判断が重要です。不動産投資初期段階の方だと、物件を見に行って、直感的に物件を気に入り、それが理由で物件購入に至る方も結構多いです。もちろん直感的に気に入った物件を購入して、手間をかけて物件運営をして中長期的に保有するのも悪くはないです。ただし、**不動産投資の真の目的は単に保有することではなく、利益をもたらす物件を購入することです**。その観点で言えば、物件ごとに自分の基準で査定をして、最高でもこの価格までしか追わないと決めるルールづけが大切です。そのため、売主が売り急いでおらず、価格もそれほど値引きが難しい案件の場合には、無理をして価格を上乗せせずに、潔く撤退する勇気も大切です。

不動産投資の仕入れはあくまで売主と買主が納得した価格で交渉が決まるので、相手側が値下げ意思がない場合には無理に追わず、販売が長期化し値下げ可能性が出た際に連絡をもらえるように伝えて、一旦引きましょう。

SECTION-5

〈総括〉

21. 不動産投資で成功する人orしない人の特徴について

●私が500名以上との面談を通じて分かった成功できる人とは

不動産投資を始めた24歳の頃から、大家の会や不動産投資イベントなどで数々の著名な不動産大家の方とお会いしてきました。またサラリーマンを辞めた後も、約3年間の期間にコンサルティング面談にて累計500名以上の方とお話をしてきました。

その中で実際に物件を購入して実績を出せている方とそうではない方の違いを感じたのでこの章ではその内容についてまとめたいと思います。

・思考が前向きで、切り替えが上手な人

↓優良物件は足が早く、番手で負けてしまうことが多いですが、その場合もすぐに次の案件に向けて気持ちを切り替えられる人。

●ずば抜けた行動力がある人
↓いい案件はスピード勝負が多く、紹介を受けた当日に内見へ行き、買付を出さないと勝てない場合もあります。

●決断力がある人
↓いくら内見数を重ねても、結局購入する決断ができない人は購入することができません。

●継続して取り組める人
↓不動産投資は物件検索、内見、業者開拓、銀行への打診など地道にやることが多く、1日で完結する事業ではないため、長期的な視野を持って取り組めるかが鍵になります。

●人懐っこく、初対面でも関係性を築くのが得意な人
↓営業マンも人なので、感じがいい人に対して案件の紹介をしたいと思うもの。

その点で相手に不快感を与えることなく、懐に入れるような第一印象がいい人に紹介が来るため。

ぜひこれから収益不動産を買い進めたい人はこの特徴を覚えておき、不動産業者から優先的に案件を紹介してもらえるような状態を作りましょう。

チャンスは準備した人にしかやってきません。

常に最善の準備を図り、業者から紹介をもらって、すぐに購入検討できるようなメンタルと心構えを身につけておきましょう。

●言動と行動が一致する人が最強

私との不動産投資面談では属性に応じた最適な購入戦略をお伝えしています。その際に、その目標へ向けて普段取り組むべきタスクも合わせてお伝えをしています。

不動産投資の場合、時期によって物件情報のばらつきがあるため、一概に物件購入が一気にできるとは限らないものの、毎日タスクを実行していれば、基本的には3ヶ月~半年以内には物件を購入することができます。

逆に言うと、決められたタスクを実行できなければ、永遠に物件を買うことができず、こんなはずではなかったという状況が続きます。

その観点で言えば、1度目の面談から半年後にお会いして再度お話を聞いたところ、物件を買えてないと言う方が結構多いです。私の肌感で言えば、10人中8人は買えない人で、実際に買える人は1、2人です。

その両者の違いは間違いなく、言動と行動が伴っていたかです。

面談時は一番モチベーションが上がるため、明日からこのタスクを取り組みますと皆さん元気よく言ってくれます。

ただ実際に蓋を開けると、普段の仕事や私生活の忙しさに忙殺され、不動産投資のタスクの優先順位が下がり、結局何もできなかったと言う人が大半です。

不動産投資を頑張ることで将来得られる目標や目的が明確な人ほど、日々の行動モチベーションが継続する傾向があるので、まずは将来のなりたい未来を明確に描き、そこに到達するための気持ちを最大化することが成功の秘訣です。

ぜひ私の本を読んで、刺激を受けてくれた方は、インプットよりもアウトプットの精神で、ぜひ今から本を読んだり、業者と会ったり、コンサルタントとの面談を早速セットしてタスクを実行してください！

22. 理想のライフスタイルの実現

●嫌いだったスーツ姿から、Tシャツ×ジーンズ×スニーカースタイルへ

サラリーマン時代に一番嫌だったのが、夏の30度を超える暑い日に、スーツ姿で強制的に出社しなければいけない事でした。

元々ハワイや南国が好きで、夏場はTシャツに短パンスタイルが理想の私からすると、真逆の服装で、毎年夏場が嫌で仕方ありませんでした。

それもあり、会社員を辞める際には自分がしたい服装をすると目標にセミリタイアを果たして28歳まで約3年半がむしゃらに取り組んできました。

その結果、憧れだった自由な服装のスタイルで現在は仕事をする事ができています。

毎日自由な服装で過ごせると、思考が柔軟にでき、また機動性もあるため、以前と比べても仕事のスピード感が上がり、好循環を生んでいます。

私が普段仲良くしている成功者の方たちも、服装はスーツできっちり決まっている人はむしろほとんどおらず、みな自由な服装で毎日過ごしている人が多いです。

服装を職場に縛られず、むしろ自発的に服装を決められる環境をあなたも20～30代の若いうちに手に入れることをおすすめします！

個人的な考え方ですが、私達20～30代でサラリーマンをセミリタイアメントした仲間たちは、ネガティブな理由で仕事を辞める人は少ない印象で、どちらかと言えば、会社を辞めて、自分がやりたい事業に取り組むための不動産投資とのポジティブな理由な人が多かったです。

心理学的にも、マイナスな感情よりもポジティブな感情が動機となって行動する方が、成果を出すまでのスピード感が早いです。

不動産賃貸業は仕組みを作ってしまえば、それほど実務で工数を投下する必要がなく、固定収入として、他事業を補完する意味でも非常に相性がいいです。

また他事業で融資を受けながら、事業を展開させたい場合にも、保有不動産が安定的な収入を稼いでいれば、次事業の融資時にも評価が高くなり、融資を受けやすくなり相乗効果も期待ができます。なので、その特性を上手くマッチさせながら、ぜひご自身が取り組みたい将来の事業も考えて、ミックスさせて考えるのがオススメですよ！

●手離れの良い不動産賃貸業と他ビジネスを組み合わせるメリット

不動産投資の長所は多々ありますが、特に以下の2つのメリットが個人的には推したいメリットです。

- 外部業者を利用することで、手離れが非常にいいビジネスモデルになる
- 毎月の安定した固定収入となる

この特徴から、他事業を主として取り組む経営者の方などにも非常におすすめのビジネスモデルです。不動産投資は他事業と比べても非常に仕組み化がしやすいビジネ

スで、既に型が出来上がっているため、決まったタスクをやれば、他ビジネスを主に据えながら運営ができる点が非常に魅力的です。

コロナウイルスの影響もあり、本業の売上が不安定になった事業者の方も多く聞きますが、そういった方こそ不動産賃貸業に取り組むべきです。手離れがよく、固定収入となるため事業が安定しますし。

同時に対銀行向けでも、積算価格の高い不動産を法人の資産に組み込むことで、貸借対照表の評価が上がり、将来的な本業への融資なども受けやすくなるメリットが挙げられます。銀行は特に担保評価の付く不動産が大好きなので、積算価格を踏まえて割安に物件を買うことができてれば、間違いなくプラスになるでしょう。

●趣味である海外旅行へ年間通じて行ける時間的自由がある

私は学生時代から海外旅行が好きで、年に2回はアジア圏を中心に海外旅行をしていました。ただ社会人後は休みも限られ、また金銭的にもそれほど余裕がなかったので、入社してから3年ほどは海外へ行けない日々を過ごしていました。

ただ不動産投資に出会ってからは、物件を購入する毎に金銭的余裕も生まれ、また不動産投資を学ぶ中で時間管理が上手くなったことで、有給を上手く活用することができるようになり、社会人4年目以降から再び海外旅行に年2回ペースで行けるようになりました。

現在は不動産投資のおかげで、金銭的・時間的余裕を手に入れることができ、家族で時期を問わず旅行することができ、人生の質がめちゃくちゃ上がりました。

自分の趣味を極める時間を確保する観点でも、不動産投資はとてもおすすめです。

私はたまたま旅行でしたが、読者の皆さんもご自身が極め尽くしたい趣味があれば、それに没頭する時間とお金を確保する観点から、不動産投資に励むのも面白いかと思います！

不動産投資はあくまで目的を達成するための手段にすぎません。なので、不動産投資が人生の中心になりすぎて、手段ではなく目的となってしまうと本末転倒です。

それを常に心に留めて、家族や友人などとの時間を確保しつつ、目的達成のために不動産投資をうまく活用するとの心構えがおすすめです。

●社外の人脈の重要性について

私が28歳でサラリーマンを引退できたのは、間違いなく社外の仲間の存在が大きいです。万が一、私が会社にしがみついて同僚や同期とだけつるんでいたら、20代で1億円のキャッシュを作り、会社員を辞めるという選択肢を取ることはできなかったと断言ができます。

話を当時に少し戻します。大学卒業後、都内の某役所へ就職をした私は、大学生時代から決めていた、不動産投資をやるために、平日の夜、週末の時間を使って、不動産業者主催の投資セミナーへ足繁く参加をしていました。ただ20代で年収、自己資金ともに属性面が弱かった私は、セミナー後の面談で、現状ではどの銀行も利用することができず、すぐに不動産投資を始めるのが難しいとの現実に直面し、モチベーションが下がり始めていました。

そんな時、とある大家の会にて20代の同年代でサラリーマンをしながら、不動産投資を実際に取り組んでいる仲間に出会い、属性が低くても戦略と行動力次第で、現状の属性でも不動産投資に取り組むことができることを知りました。自分でも取り組むことを知り、勇気が出たのと同時に、同年代のサラリーマン大家が早期のセミリタイアメントへ向けて意識を高くして取り組んでいる姿勢にとても刺激をもらい、一緒に切磋琢磨をして、物件の購入を推し進めることができました。

この経験から、仲間は知識や情報の共有はもちろん、一緒に目標へ向かって頑張れる大切な存在だと気づきました。当時私を含めて同年代の仲間6名でその後、大家の会を立ち上げ、20～30代の若い世代の大家が低属性でも物件を買い増しできるようにサポートもしてきました。実際にその6名のうち、5名はその後サラリーマンを辞めて現在自分で事業を展開しているので、各メンバーとも切磋琢磨して取り組んだ結果がそれに結びついたと強く思います。

多くの方は、不動産投資を始める頃は、会社員として勤務をしながら、勤務時間外で物件の検索、銀行打診、業者営業、契約など取り組むと思います。**本業の傍ら、継続して取り組むには一人ではなく、周囲の仲間を巻き込んで不動産投資に励むことが成功の近道と言えます。**

不動産投資関連のイベントやセミナー、オフ会などに参加して、自分と同年代で将来のポジティブな動機を持っている人と繋がることができればより、仕事を辞めるまでにスピード感がアップするでしょう！

23. 不動産投資は誰でも成功が可能な事業。だからこそ重要なポイントを外さないように

●不動産賃貸業は誰が取り組んでも非常に再現性が高い事業です

不動産投資は既にビジネスモデルが確立されています。

だからこそ、やり方さえ間違わなければ、時間の差はあれど、誰しもが成功を目指すことができます。

だからこそ、始める前の自己投資が非常に大切になります。

今回の本で一番伝えたかった、不動産投資の肝となるのは、「属性に応じた投資戦略」と「物件の仕入れ」の2つです。

逆に言えばこの2つさえしっかり理解して、スタートすることができれば、不動産

投資におけるリスクをかなり抑えることができます。

不動産投資では成功することも大切ですが、どちらかといえば、大きな失敗しないことが大切。

大きな失敗とはつまり、手許資金がなくなり、キャッシュアウトして自己破産することです。**ＦＸや株式同様に市場から離脱せずに、プレイヤーとして残り続け、同時に経験値を上げることで成功への確度が上がります。**

プレイヤーとして市場に残り続けるには、常に情報と知識に継続して先行投資することです。

書籍はもちろんですが、不動産投資に精通したメガ大家の方との飲み会や食事会などには積極的に参加して、その方のマインドや行動力に触れ、自分の行動力に繋げることで投資の意味が出てきます。

自分が目指すべき理想像の方とは常に触れ合うようにして、アンテナを張り続けるようにしましょう。

●何度でも言います、成功に必須なのは圧倒的に安く仕入れること

不動産投資で出口を描き、売却益を出す際に大切なのは、「仕入れに徹底的にこだわること」です。仕入れ価格を市場相場と比べて安く仕入れることができれば、持ってもよし、売ってもよしの最強の状況を作ることが可能になります。

不動産投資で一番望ましい最強の状況が、「買った翌日に売却しても、利益が出る物件」です。その仕入れができれば、購入後の様々なリスクもヘッジすることができ、リスクを恐れる投資家に対しても大きなメリットがあります。

仕入れ価格を安くできる＝賃貸価格を安く提供できるので、万が一賃貸付が長期間決まらなかった際に、賃料を下げて、価格競争に参入する形での賃貸付も可能になるので、ライバル大家に対して交渉を強く進めることが可能になります。

仕入れ値を安く抑えることで、不動産投資に関わるさまざまなリスクを抑えられる

効果があるという点はとても大切なので覚えておいてください。

●成功モデルを決めて、徹底的に真似をすることが成功への近道

不動産投資に限らず、今の時代成功者のやり方を徹底的に真似る方が効率いいです。

特に不動産投資は、重要なポイントにてお伝えの通り、自分の属性に応じた戦略を決めることが全体の50％以上の比率で重要です。そのため自身がスタートを切るタイミングでの属性が似ているメンターを探して、再現性の高い戦略にて不動産投資を進めましょう。

また戦略と同時にその戦略を実行するための細かなタスクが重要です。

メンターにフェーズ毎にやるべき行動計画を考えてもらい、

一緒に物件取得

↓

物件管理
↓
物件売却

の一連の流れまでサポートしてもらえれば、失敗するリスクを最大限抑えることができます。

また日々のタスクが明確化することで、日々のルーティーン作業が固まり、やるべきことが明確化するので、これを継続して取り組めば間違いなく成果が出ます。

●成功したいなら、相談するべきは実際の成功者へ

今回本書をご購読いただき、不動産投資に対してどういった感想を持たれましたか？我ながら、不動産投資の核心部分について言及をしたので、この本を読んで「不動産投資で成功するのは大変だな」と思った方も、少なからずいらっしゃるのではないでしょうか。

ただ逆に大切なポイントをお伝えしたので、そこさえ間違わなければ成功できると自信を持つきっかけにもなりますよね！

不動産投資に限らず、事業をこれから展開する上で大切なのは実際に事業に取り組んで、成功した経験がある実績のある人に相談をすることです。

投資初心者の方は始めに家族や周囲の友人などに相談される方が多いですが、相談相手を間違えると、せっかくの新規事業がそこで潰されてしまうリスクがあります。

不動産投資の場合、自分とスタート時点の属性が似ている現役の不動産投資家を探して、その方から具体的にどのような戦略で、物件を仕入れていくかを考え、実践する方法が一番間違いない進め方です。

今回本書をお読みいただき、私のように30代までに一気に資金を作りたいと思った方は、ぜひ私との面談をお勧めします。

できれば対面でお会いして、私から成功者のマインドや行動法則も一緒に感じていただければ、成功速度上がると思います！

ぜひ、面談で将来成し遂げたい目的や目標をお話しいただき、共感いただけそうでしたら一緒に不動産投資戦略を立てるサポートをしていきますので、ぜひよろしくお願いします。

「一度きりの人生、やらなかった後悔よりもやった後悔を！」
不動産投資で人生を好転させて、最高の人生にしていきましょう！

●最後に20代で現金1億円を作り、公務員を辞めた私から言えること

私は不動産投資のおかげで、自分が思い描いたライフスタイルを過ごすことが現在できています。

ただ勘違いして欲しくないのが、不動産投資は手段にすぎず、目的ではないことです。

不動産投資を突き詰めていくと、不動産投資で拡大して、資産規模を増やすことが美学のようになり、当初のライフプラン達成のための目的の規模と比べて、自分が手に負えない規模感まで物件の買い増しを狙ってしまうケースも見受けられます。

もちろん購入物件の全てが割安に購入することができ、想定通りの出口戦略を描くことができればいいですが、想定と異なり空室が埋まらない、想定価格で売却ができないケースなども発生することがあります。

そう考えると、自分のキャパシティを踏まえた上での、物件購入が大切です。

その観点で私の場合には、**物件価格が5、000万円以上の物件には今まで一度も手を出しませんでした。**

それは、万が一賃貸経営が回らなかった際に、次の買主が現金でも購入ができる価格帯で市場に出したかったからです。

そのリスクヘッジもあり、現在まで運良く、仕入れ値を上回る価格で全ての物件を売却することができました。

今回の書籍で読者のあなたに伝えたかったのは、**不動産投資は戦略さえ間違わなければ、購入と売却を繰り返すことで、30代までに手元資金1億円を作ることができる再現性の高い投資である点です。**

ただ逆に攻略法を知らずに、市場にエントリーしてしまうと相場感がわからないままに、業者やコンサルタントの言いなりになって、物件購入をしてしまうため、自分ではない第三者に利益を持っていかれてしまい、自分には手残りが残らない投資となる危険性を持ち合わせています。

その危険性を最大限小さくして、投資を始めるには自ら先行投資をして、積極的に知識と情報に投資をすることが大切です。

知識武装することで最終的に自分の利益確保につながります。

決して能力の高くない私が地道に毎日のタスクを継続することで、28歳にセミリタイアメントできたのですから、読者のあなたができないわけがありません。

できない理由を探すのは簡単です。

できる理由探しを始めて、タスクに取り組まないことが不快であるくらいタスクの習慣化を進めましょう！

普段取り組むタスクを極めて実際に取り組めば成功しないわけがないのです！

本書ご購入者限定特典のご案内！

本書をご購入いただきまして、誠にありがとうございました。

読者の皆様に、不動産投資の実践に役立つ特典をご案内しております。今回購入部数に応じた下記特典がありますので、詳細はLINE@登録後にお知らせをさせていただきます。

・[入口戦略] 不動産投資の面談
・不動産投資サロンの1年間参加権

LINE公式アカウントQRコードを読み取るか、URLリンクよりご登録ください。

LINE公式アカウントQRコード

https://lin.ee/nFr4qce

Twitter いいね・リツイート・フォロー・コメントをお願いします

https://twitter.com/ktm10001

本特典の応募は予告なく終了することがあります。
本特典は、著者・ひろや が実施します。販売書店、取扱図書館、出版社とは関係ございません。お問い合わせは http://bit.ly/3B2Mfrb までお願いいたします。

ひろや
株式会社 堅実不動産 代表取締役
福島県出身。大学卒業後、7年間都内にて公務員として勤務。25歳から一棟、戸建を中心に不動産投資をスタート。28歳の頃に最大の家賃収入150万円/月を達成。資産管理法人にて信金、信用組合を中心にプロパー実績あり。20代で累計14案件の売却実績があり、出口を見据えた投資に強みがある。現在までアパート13棟、戸建6戸、区分1戸を購入、累計売却益約1.2億円を達成。

LINE：https://lin.ee/nFr4qce
Twitter：https://twitter.com/ktm10001
ペライチ：http://bit.ly/3B2Mfrb

35歳《さい》までに現金《げんきん》1億円《おくえん》を作《つく》る［入口戦略《いりぐちせんりゃく》］不動産投資術《ふどうさんとうしじゅつ》

2021年10月15日　　初版発行

著　者　ひ　ろ　や
発行者　和　田　智　明
発行所　株式会社　ぱ　る　出　版

〒160-0011　東京都新宿区若葉1-9-16
03(3353)2835－代表　03(3353)2826－FAX
03(3353)3679－編集
振替　東京　00100-3-131586
印刷・製本　中央精版印刷(株)

ISBN978-4-8272-1295-2　C0033